BASADO EN MÁS DE 20 AÑOS DE EXPERIENCIA EN EL FÚTBOL ESPAÑOL

PSICOLOGÍA

CREAR ENTORNOS DE APRENDIZAJE PARA TU EQUIPO DE FÚTBOL

MARÍA RUIZ DE OÑA

Psicología / Ruíz de Oña, María - 1a ed. - LIBROFUTBOL.com, 2020.
200 páginas; 15,2 x 22,9 cm.

ISBN 978-987-8370-03-3

1. Psicología. 2. Psicología del Deporte I. Título.
CDD 796.023

PSICOLOGÍA
de María Ruíz de Oña

Diseño de cubierta: Luciano Medvetkin
Maquetación: Luciano Medvetkin
Foto de la autora: © María Ruíz de Oña
Fotos de portada: © Shutterstock

LIBROFUTBOL.com
Olga Cossettini 1112 - oficina 8F - Ciudad de Buenos Aires - Argentina
ediciones@librofutbol.com - whatsapp +54 9 11 2215 1982

1ª edición: agosto 2020

ISBN 978-987-8370-03-3

CONTENIDO

INTRODUCCIÓN

Tras trabajar 21 años en el Athletic Club de Bilbao, ahora puedo decir que he aprendido, cambiado y construido muchos aspectos de mí: personal y profesionalmente. Podría hacer una lista de ello, pero sobre todo lo que ha ido cambiando es mi manera de mirar el mundo. En concreto, mi mundo profesional: la educación en el desarrollo de jugadores a través del desarrollo del entrenador.

Lo normal es que el fútbol profesional sea el referente de las personas que trabajamos en el mundo del fútbol. Sin embargo, trabajar en el desarrollo de personas en cualquier contexto implica ampliar horizontes.

En el Athletic he tenido la posibilidad de construir esta otra perspectiva de trabajo cuyo foco es desarrollar el potencial de la persona del jugador a través del desarrollo del potencial del entrenador. En este caso, potenciar un jugador activo, pensante y consciente, en cuanto que participa de su aprendizaje. *"Se fue evolucionando hacia un aprendizaje con una perspectiva crítica transformadora"*, como dice Mezirow[1], asentado en el paradigma hermenéutico-comprensivo que cita Reale[2].

Esto implicó un cambio de rol en los técnicos, incluido en los psicólogos, para quienes además de la intervención psicológica se nos abría el mundo de la generación de conocimiento. En este caso, el conocimiento del juego y del jugador en el juego, a través de la creación de contextos óptimos de aprendizaje. Es decir, educar.

Varios fueron los puntos de este cambio de foco: ampliar la mirada de los profesionales que trabajan alrededor del jugador, de técnicos a educadores. En palabras de Juan Domingo Farnós[3]: *"El cambio del paradigma de la enseñanza tradicional a un paradigma de aprendizaje"*.

Pasados dos años desde que salí del Athletic y, con la perspectiva que aporta el tiempo, me doy cuenta de que casi todo mi trabajo con los entrenadores y con los jugadores ha estado enfocado en educar su mirada para observar a través de la comprensión. Mirar para comprender el mundo y mirarse a uno para comprenderse en su mundo. Aprender a mirar ha sido el núcleo de mi trabajo.

Cuando hablo de "La Mirada", no solo me refiero a donde ponemos el foco cuando intervenimos en

1 Mezirow, Jack. Sociólogo norteamericano, fundador de la teoría del aprendizaje transformativo.
2 Reale, Giovanni. Filósofo italiano.
3 Juan Domingo Farnós, investigador y espacialista español en educación.

conversaciones o reuniones, cuando planificamos, cuando entrenamos y competimos, sino a qué miramos y desde qué lugar interior miramos. La mirada tiene que ver con cómo yo, profesional y persona, estoy en el mundo. La mirada entraña comprensión y apertura, abraza lo que hay en ese momento, sean luces o sombras de uno mismo o de la realidad que tenga enfrente. La mirada acoge lo que emerge e involucra a estar presente en lo que estoy observando y disponible a ello. La mirada comprende mirar lo que se ve y lo que no se ve, pero se siente o se intuye. Es mirar más allá, ver lo que los demás no ven. La mirada es un modo de estar en el mundo: presente, disponible y crítico-cuestionador.

Si alguien me preguntara cómo he evolucionado como profesional, le diría que lo que me ha hecho crecer ha sido la evolución de mi mirada en amplitud, en profundidad y en su juego interior.

Para ello tuve que aprender a mirar:

- **¿Dónde?** En las cuestiones del día a día, en las conversaciones, en lo que escuchaba en los campos, en el juego...
- **¿Qué hay?** Es la pregunta que orienta la mirada. ¿Qué está pasando aquí y en este momento?
- **¿Cómo mirar?** Abierto a lo que venga, a lo emergente. Disponible, dejando espacio a eso que viene para mirarlo y buscando las preguntas que me ayuden a comprenderlo.

- **¿Quién mira?** Comprender quién está viviendo esa mirada. Lo que es mío y lo que es del otro, mis proyecciones y sus proyecciones, mirar qué parte de uno habla y qué parte de uno se esconde al hablar.

Cuando se empieza a trabajar en un club donde el foco es el desarrollo del talento, es necesario comprender muy bien dónde apunta ese foco, porque de otra manera no atenderemos a la verdadera necesidad: ni del jugador, ni del entrenador, ni de la organización.

Con el tiempo, me di cuenta de que necesitaba tener mi proceso de comprensión para ser consciente de esto y de lo que implicaba en mí como profesional; entre otras cosas, desprenderme de muchas teorías, creencias y prejuicios.

Un día alguien me preguntó: "¿Desde dónde miras?". Mi reacción fue pensar qué quería decir. ¿Desde qué lugar interior de ti miras y escuchas? Esta interesante reflexión me arrojó una conclusión: miro desde mis ideas y opiniones, desde mi juicio, desde mi pasado. Este lugar interior desde donde miro fue mi gran descubrimiento: la parte interna de mí desde la que estoy mirando, escuchando o viviendo. Fue un trabajo de quitar velos ybarreras, al mismo tiempo fue un proceso de reconocer lo que era mío, mis creencias, mis miedos y mis prejuicios, para poder separarlos de lo que la realidad de allí me estaba mostrando. Simplemente mirar a los jugadores, en-

trenadores, una filosofía, una historia, los entrenamientos, las competiciones y lo que generaba la interacción de todo ello. Esta pregunta fue mi compañera de viaje en ese tiempo y lo sigue siendo ahora.

Esta "mirada" mira lo que hay, no lo que debiera haber o lo que me gustaría que hubiese. Se nutre de lo fenomenológico[4], de lo que emerge en el aquí y ahora, más allá de explicaciones justificadoras, teóricas o psicológicas que me pueden surgir cuando miro. Trato de apartarlas, simplemente dejo que aquello que estoy viviendo me impregne.

Trataré de mostrar en estas páginas la evolución de la mirada del psicólogo, en este caso de la mía a través de mi experiencia en el Athletic Club. Quiero remarcar que esta es mi mirada, por lo que no es una verdad absoluta. Las letras de este libro son, solamente, parte de una huella de alguien que pasó por el Athletic Club, pero esa huella no es ese alguien ni es efímera.

---

4 La fenomenología, tal y como la definió Giovanni Reale en 1988.

CAPÍTULO 1
EL MARCO

En el Athletic Club, después de los éxitos de principios de los años ochenta[5], se vivió una decadencia deportiva que se afrontó cambiando la manera de trabajar en la cantera de Lezama, la academia, la principal ventaja competitiva del club[6], desde mi punto de vista. La organización afrontaba una transformación en su cultura, en su filosofía y en los métodos de trabajo.

Recuerdo los inicios de este proyecto que, en septiembre de 1995, proponía José Mari Amorrortu, entonces coordinador de Lezama, con la puesta en marcha de un **planteamiento común** para todos nuestros equipos. Definir el camino, compartir esa

---

5 El Athletic se proclamó campeón de Liga en las temporadas 1982/83 y logró el doblete en Liga y Copa en la 1983/84.

6 El Athletic Club sigue una especial filosofía por la que solamente juega con futbolistas nacidos o formados en Euskal Herria. Esto hace que su población futbolística potencial se reduzca mucho y la importancia de su academia, de su trabajo en la cantera, se convierte en fundamental para el futuro del primer equipo.

visión y clarificar los objetivos deportivos fueron los primeros pasos. Compartir en contraposición a que cada uno lo haga a su manera.

La clave estratégica de esta transformación fue tener un planteamiento común. Atrás quedaba que cada técnico trabajara como departamentos estancos. El entrenador necesitaba entender que su equipo estaba vinculado a una organización con unas necesidades a largo plazo y que sus jugadores estaban dentro de un proceso de formación para algo más grande y mucho más complejo que ganar el próximo domingo.

Se necesitaba una visión más amplia, más global y más longitudinal en el tiempo, un planteamiento holístico. Por aquel entonces, la comunicación del coordinador con cualquier entrenador era con una filosofía definida que no trataba de metodologías ni planificaciones, sino de definir un camino. La coherencia de arriba hacia abajo era un gran reto y ello pedía lealtad al proyecto.

El gran objetivo era la evolución de los jugadores. Las decisiones son tomadas pensando en la progresión del futbolista. El valor es el jugador, porque se creía que era lo que hacía ser competitivo al club, poder competir en el alto rendimiento. El jugador tenía que dejar de ser un medio para que el entrenador ganase partidos, el desarrollo del jugador debía ser un fin en sí mismo.

En este contexto, surge la primera cuestión: **¿qué pasa con los resultados?** Obviamente, tener resultados es fundamental, pues es condición de supervivencia deportiva y económica para el club, pero ello no los convierte en el fin de una organización, por lo menos en su etapa de formación de jugadores. Trasladando el caso a un ejemplo, si una persona no come es evidente que se morirá, pero ¿diríamos que el fin de una persona es comer?

Sabemos que los resultados son muy importantes, pero son parte de un proceso o, más bien, consecuencia de él. Nuestras acciones producen esos resultados. Normalmente, ponemos el foco y la energía en esa parte final del proceso, en los resultados cuando lo importante para ello es cuidar, mejorar e invertir en los procesos. Por ello, es necesario reflexionar sobre nuestras acciones, sobre los procesos que en realidad son los que nos llevan a esos resultados. Esta reflexión es indagadora y crítica: ¿Qué me lleva a actuar como actúo?

Ver los resultados como un fin en sí mismos nos lleva a caer en una visión reduccionista de los procesos y las personas. Los resultados son un indicador muy importante de las organizaciones, son un medio, pero no un fin en sí mismos. La mirada sistémica dirá: "El único fin de cualquier organización es su supervivencia". Y los resultados son un medio muy importante para lograr esa supervivencia. Aún así,

Lezama, como organización, era consciente de que necesitaba profundizar y ampliar la comprensión y el lugar de los resultados en el proceso de desarrollo del jugador.

Todo esto marcó el camino de la psicología en el club y el mío como psicóloga. La actividad que desarrolló el Departamento de Psicología en el Athletic Club estuvo orientada desde y para la especial filosofía de un club como el Athletic, donde el jugador es el valor y su proceso de aprendizaje, puntos claves para poder ser competitivos. Trabajamos en un proceso de formación donde se propiciaba un jugador activo, pensante, y responsable, que participase de su aprendizaje. Por eso las decisiones y reflexiones estaban hechas en torno a las necesidades del desarrollo del jugador, donde éste pasa a ser protagonista de su aprendizaje y de su desarrollo como futbolista. Esto implica un cambio de rol en el entrenador, quien pasa a ser un facilitador, un dinamizador de contextos óptimos de aprendizaje y rendimiento que, a su vez, funciona como enseñante y como aprendiz, porque la cultura de aprendizaje de la organización es el motor de todo el engranaje.

Tres han sido las claves de este apasionante viaje: escuchar, aprender de y con los entrenadores y cuestionarme. Todo ello, dentro de una cultura de aprendizaje con el fin de generar desarrollo personal y profesional en los entrenadores; es decir, que el entrenador integre recursos (trabajar con objetivos, gestionar los diálogos, escuchar y hacer reflexionar a través de preguntas, dar y recibir *feedback*, etc.) a través de su propio proceso de desarrollo personal y profesional.

El Athletic Club es un club de fútbol marcado por su particular filosofía de competir solo con futbolistas vascos. Desde hace más de cien años, la entidad bilbaína decidió no contar nunca con jugadores de fuera de los límites de Euskadi. Con esta filosofía, el Athletic ha competido siempre en el máximo nivel, siendo uno de los equipos españoles con mejor palmarés y uno de los tres, junto a Real Madrid y Barcelona, que siempre ha jugado en Primera División.

Esta particular manera de afrontar el fútbol siempre está bajo la amenaza de la evolución de este deporte en el alto rendimiento. Primero fue la profesionalización. Después, la llegada masiva de extranjeros y, en los últimos años, la Ley Bosman es la que ha variado el contexto competitivo y, por lo tanto, ha condicionado el rendimiento deportivo de la entidad.

Esta situación ha obligado a una mejora en el trabajo de formación en un club con la necesidad de autoabastecerse, por lo que ha debido afrontar un cambio en su trabajo de cantera que le permita formar un mayor número de futbolistas capaces de competir al más alto nivel. Este cambio es el nuevo

objetivo estratégico del club, que deberá crear un nuevo estilo de trabajo basado en la formación de jugadores.

Una de las características determinantes del Athletic Club es su respeto a la historia; afición y club mantienen vivos sus íconos del pasado, recuerdan sus logros con el especial orgullo de haberlos ganado con una filosofía única en el fútbol mundial. La identificación con el club es una de las claves para tener una afición entusiasta, fiel y constante. Ahora, la apuesta pasa por modernizar su dinámica de trabajo para seguir creciendo y estar a la altura del fútbol actual, manteniendo ese respeto a la historia.

El Athletic, tras la apertura del libre mercado a jugadores europeos y el crecimiento de nuevos clubes, ya no podía competir ni en estructuras ni en captación. Así, la mejora debía venir por la vía de la complejidad y de despertar el potencial con el máximo de los estímulos para una mejor comprensión del juego. Era y es fundamental saber "para qué y para quién" realizamos nuestro trabajo.

El viejo dilema medios-fines ya estaba presente, por entonces, en el Athletic. Había que desarrollar y profundizar cada vez más en los soportes de preparación para que los jugadores diesen lo mejor de sí mismos y en consecuencia, se obtuviesen unos resultados satisfactorios. Se buscaba crear un modelo, un estilo que nos representase.

El Departamento de Psicología se estrenaba en el Athletic en plena transformación cultural de una filosofía más tradicional, centrada en la competición, a una filosofía focalizada en el desarrollo del jugador.

En un principio, la demanda al departamento vino por la vía de reducir la ansiedad competitiva del jugador detectada, sobre todo, en la categoría cadete. La intervención se hacía a tres niveles: jugadores, entrenadores y padres. Con el tiempo, la intervención se amplió a los equipos juveniles y a sus entrenadores.

Sin embargo, la clave de estos primeros años fue entender la realidad que estaba viviendo Lezama para poder desarrollar una intervención que respondiera a las necesidades de esta organización. Era prioritario entender desde la intervención psicológica, que no se trataba de preparar el jugador para el partido del domingo sino para algo mucho más grande y lejano en el tiempo: preparar al futbolista para que fuera competitivo en el mundo profesional, en el primer equipo. Había que entender que el equipo es un medio para el desarrollo del jugador, mientras que el partido del domingo no era un fin en sí mismo sino otro medio más de aprendizaje. Todo ello obligaba a gestar una psicología que respondiese a las necesidades de Lezama.

Los equipos en Lezama ganaban con facilidad, prácticamente todos los partidos, y cuando los jugadores llegaban a edades donde la competición esta-

ba más equilibrada: no afrontaban las dificultades, se volvían conservadores en el juego y afloraba el miedo a fallar, entre otros signos de una confianza débil. Por el contrario, los jugadores tenían un concepto alto de sí mismos, algo que no se expresaba en los partidos. Veíamos que el enfoque centrado en los resultados llevaba a que los jugadores desarrollasen una autoestima falsa, basada en resultados o factores externos poco realistas en el mundo del fútbol profesional.

Con el nuevo proyecto se buscaba identificar a los jugadores, equipos, entrenadores y dirigentes por una manera de afrontar las situaciones, tener unos valores y un estilo, sin olvidarse de que hay que rendir. La búsqueda de una identidad se convirtió en nuestro verdadero arnés.

Una de las medidas clave que se tomó fue la implantación de una filosofía del juego basada en la dificultad, tanto en los entrenamientos (a través de los ejercicios) como en la competición, donde el futbolista jugaba en aquel puesto que le hacía crecer y en sistemas de juego abiertos que exponían más al jugador, en vez de protegerlo. Con ello, se buscaba que el jugador llegase a afrontar esas situaciones estresantes, en un principio con naturalidad, hasta convertirlas en hábitos. Así, no sería ningún drama quedarte en situaciones de 1 contra 1, por ejemplo, ya que se trata de un hábito que se ha resuelto antes y porque, al formar parte de tu estilo, lo asumes con normalidad.

Todo esto implicaba que los entrenadores debían asumir posibles contras y riesgos o, incluso, la posibilidad de perder. Suponía, para los entrenadores, una mayor autoexigencia y presión desde la organización, lo que llevaba a resistencias al cambio y sentimientos de pérdida de poder y estatus. Estos aspectos se iban toreando como se podían e iban apareciendo divisiones entre los entrenadores que seguían el proyecto y aquellos que discrepaban por diversos motivos. La cohesión en torno al proyecto sería una misión que quedaría pendiente para más adelante.

CAPÍTULO 2

EL PSICÓLOGO

INICIOS-DESPOJARSE (1995-2001)

Mi trabajo como psicóloga del deporte en el Athletic Club empezó en 1995 a través de un convenio de colaboración entre el Athletic y la Universidad de Deusto, liderado por Jose María Amorrortu, director de Lezama en aquel momento. A algunos profesionales, que habíamos estudiado en dicha Universidad, se nos ofreció la posibilidad de formar parte del proyecto. Finalmente lo iniciamos tres psicólogos.

La demanda estaba focalizada en las categorías cadetes (14-15 años), porque se percibía que era la edad donde empezaba a ver más ansiedad competitiva y los jugadores iban abandonando sus estudios a lo largo de los años. Fue una aproximación holística, a la vez que se les ofrecían programas formativos a los jugadores, se hacían reuniones con los padres una vez al mes y se trabajaba en el día a día con los

entrenadores. Con el tiempo, el trabajo se fue ampliando a los juveniles, y a los equipos de Tercera y Segunda División.

Cuatro años después, el club contrató a dos psicólogos, estableciéndose así el Departamento de Psicología del Athletic. Con el tiempo, y por diversos motivos, este departamento acabó formado por un solo profesional.

El primer paso fue integrar la figura del psicólogo en el día a día: ir vestido de chándal, no meternos en temas de fútbol, no quitar la autoridad al entrenador y, por supuesto, crear relaciones de confianza. Y así empezamos a trabajar. Hacíamos sesiones con los jugadores donde trabajábamos la concentración, la afrontación a los errores, los pensamientos negativos, la relajación, la visualización. Todas técnicas propias de la psicología del deporte que habíamos aprendido a través de *masters* o de libros. Sin embargo, todo esto se quedaba en técnicas, en píldoras motivadoras o salvadoras, a veces. Hacía falta algo más.

Fueron años de observar, aprender y escuchar. Una tarea de integrar la psicología junto con el resto de las áreas, como los servicios médicos y la preparación física, en la preparación y planificación de las tareas deportivas. Se buscaba conseguir que los coordinadores y entrenadores trabajasen aspectos psicológicos a la par que los físicos, técnicos y tácticos, incluyéndolos en su planificación, aportando tiempo (dentro y fuera de los entrenamientos) y recursos (colaboración, implicación y compromiso) para optimizar el rendimiento del jugador y el equipo.

El trabajo psicológico iba cuajando en Lezama, paso a paso, atento sobre todo al ritmo que los entrenadores llevaban para poder entender la psicología y a los psicólogos en su día a día, sin que supusieran una amenaza. Escucharlos, acompañarlos y estar presente en su entorno, fueron las claves para generar la confianza en los entrenadores y para que, en las siguientes etapas, pudiésemos trabajar juntos en la formación del jugador.

Aún así, todavía quedaba mucho camino para recorrer y, sobre todo, quedaba construir una intervención desde la psicología aplicada al deporte adecuada a las necesidades de este club.

En esos años, el trabajo con el jugador estaba más centrado en el apoyo emocional que en su aprendizaje. El jugador venía a descargar sus quejas sobre el entrenador, o cualquier otra situación, y el psicólogo lo escuchaba, lo animaba y lo aconsejaba. El jugador tomaba un papel de víctima y no avanzaba. Por otro lado, el entrenador también tomaba una postura pasiva esperando a que el jugador se "curase". Así, el psicólogo tenía un papel de salvador, de consejero de los futbolistas. Aunque había información que

se compartía con el entrenador, el problema para el jugador estaba en el entrenador y, por el contrario, para el entrenador el problema lo tenía el jugador.

Al final estábamos construyendo una manera de trabajar desde el jugador que tiene un problema. Además, normalmente ya llegaba al psicólogo con el diagnóstico realizado por el entrenador: falta de confianza, miedo, problemas en casa. Entonces, el psicólogo tenía que solucionarlo. Sin embargo, este tipo de trabajo pronto dejó de funcionar, incluso no sé si llegó a funcionar alguna vez.

Aquí vino mi primer cuestionamiento: ¿estoy preparada para trabajar en un club cuyo foco es el desarrollo del potencial de la persona? La mayoría de nosotros pensamos, o hemos pensado alguna vez, que estamos preparados para desarrollar talento y formar jugadores. Es más, pensamos que nuestra propuesta es de gran valor. Sin embargo, mirando hacia atrás en el tiempo, creo que partir de la premisa "estoy preparado" es una equivocación. No juzgo que estemos o no preparados, pero el planteamiento inicial ahora veo que debe ser otro. No se trata tanto de estar preparado para desarrollar jugadores sino de estar abiertos a comprender la realidad que tenemos delante.

Cuando llegamos a un nuevo trabajo, presentarnos en condición de expertos da seguridad pero a la vez puede limitar el desarrollo del jugador y del

resto de personas que están alrededor. Muchas veces trabajo con los entrenadores esta pregunta: ¿por qué ha de servir de igual modo a tus jugadores lo que te sirvió a ti, lo que ahora es tu experiencia? Me di cuenta de que estaba trabajando desde un "yo ya sé y te voy a enseñar". Mi propuesta estaba marcada más por mis aprendizajes pasados que por saber mirar las posibilidades futuras que puedan ir emergiendo en el jugador y los entrenadores (Otto Scharmer, 2009)[7]. Esto supuso un giro radical en mí. Comprendí que necesitaba mirar, estar abierta a aquello que iba surgiendo, eso era lo que me iba a hacer crecer como profesional.

Por otro lado, Javier García de Andoín[8] lo matiza en los diálogos que compartíamos, entonces, en Self Institute: "El desarrollo del talento no tiene atajos; es un viaje largo y, sobre todo, a través de uno mismo. Para el desarrollo del talento o para el alto rendimiento hay que optar por la vía difícil si quieres un cambio real. En este viaje no caben atajos, no hay viajes cortos ni superficiales y me refiero con ello a los vídeos motivacionales, *slogans*, soluciones rápidas".

Muchos entrenadores, profesionales y psicólogos buscan recetas, compran tecnología, recopilan ejercicios, copian sistemas de juego de equipos profe-

7 Claus Otto Scharmer, alemán, profesor de la MIT Management Sloan School en Massachusetts y creador de la Teoría U, recogida en el libro: *Teoría U: Liderar desde el futuro a medida que emerge.*

8 Javier García de Andoin, filósofo, formador y creador de Self Institute.

sionales y se aferran a las *quick-fix solutions*, pero ni los ejercicios ni el análisis de videos por sí solos desarrollan talento. Hay un gran vacío entre desarrollar personas y este tipo de acciones. La cuestión es que esta vía "difícil" implica aprender y comprender.

Cada día era más consciente de que las recetas y las herramientas por sí solas no bastan para resolver este reto de desarrollar a las personas. Tenía claro que si esperaba algún cambio en los demás o en la cultura de Lezama, el cambio debía empezar por mí misma.

Afrontaba trabajar en el cambio de una filosofía, implementar un proyecto basado en el desarrollo de un jugador, comprender por qué el entrenador necesitaba aprender, cambiar su estilo de liderazgo y su aproximación al jugador. El cumplimiento de estas premisas implica la transformación de la cultura de un club. Sin embargo, eso estaba todavía muy lejos, no sabía cómo hacerlo, pero sí por dónde empezar: por el cuestionamiento de lo que hacía y cómo lo hacía. Todo esto me confrontaba conmigo misma, con lo que hasta ahora había hecho.

Empecé a invertir muchas más horas en mi trabajo, necesitaba estar, ver y sentir los diferentes momentos por los que pasa un jugador: el entrenamiento, el antes y el después del entrenamiento, cuando llegan al club, las conversaciones entre pasillos que tenían los entrenadores con los jugadores, las charlas preentreno, las charlas para preparar los partidos, cuando se perdía, cuando se ganaba, en el autobús, las vueltas de los partidos. Y, sobre todo, aprender de todos esos momentos. ¿Qué había? ¿Qué faltaba? ¿Cómo se hacía?

Esta observación confirmó la importancia del entrenador en todos estos momentos y las consecuencias de sus intervenciones, unas veces facilitadoras y otras no tanto. La cuestión ahora estaba clara: ¿cómo adentrarse en el mundo del entrenador y de los contextos que genera? ¿Cómo dar más calidad a esas conversaciones? ¿Eran conversaciones o eran monólogos del entrenador que el jugador escuchaba?

Veía la gran implicación que los entrenadores tenían en tratar de desarrollar jugadores preparados para ser profesionales, además de personas preparadas para vivir una vida con madurez.

En general, los entrenadores trabajaban muchas horas, estaban bajo continua evaluación, no podían mostrar debilidad, lo tenían que saber todo y lograr casi todo. ¿Quién era yo para darles una charla sobre qué es la motivación, un consejo sobre algo psicológico o proponerles trabajar sesiones de concentración con los jugadores? ¿Quién era yo para "cambiarles" desde los estudios que en psicología se hacen de las competencias de un entrenador con éxito o según los cuestionarios que los jugadores responden sobre

el entrenador ideal? Habíamos comenzado, llevaba chándal pero todavía no estaba integrada al lugar.

Así que tuve que cambiar de los referentes teóricos, que me daban discursos y sobre todo mucha seguridad, a referentes más prácticos. Es decir, a escuchar a las personas. Recogía lo que me contaban y me lo llevaba para indagarlo y comprenderlo. A veces, les devolvía alguna pregunta, pero la verdad es que intervenía muy poco. Dejé los consejos, opiniones, acuerdos y desacuerdos para otro momento. Y no es que antes no escuchara, sí escuchaba, pero lo hacia el chándal, los libros de psicología, las teorías, lo que debe ser. Estaba vez, no sé cómo ni por qué, estaba yo frente a algo que no sabía cómo hacer, sin respuestas ni técnicas psicológicas que escondiesen mi no saber, mi vulnerabilidad. Así que me tiré al barro, escuchando a los entrenadores informalmente, sin reuniones ni charlas, en su medio, en el momento que ellos querían. Me di cuenta de la necesidad que tenían de ser escuchados y que, a pesar de estar rodeados de otros entrenadores, sentían una soledad interna.

Recuerdo que subía al despacho a buscar maneras de llegar a esa intimidad, a esa soledad, a buscar alguna pista que pudiera abrirnos la posibilidad de seguir hablando. Pocas veces les daba una solución, más que nada porque no la tenía, y eso me vino bien porque los dos estábamos trabajando desde nuestra vulnerabilidad. A veces me venía una pregunta o un *insight* que parecía que abría un espacio de reflexión en el entrenador.

Con el tiempo casi no me sentaba en el despacho, la verdad es que tampoco tenía un lugar de trabajo. No me preocupaba, en algún momento, cuando la organización fuese entendiendo las necesidades de la psicología, llegaría. Pasaba todo el tiempo en torno a los campos y vestuarios, en silencio, mirando los entrenamientos, los partidos, el día a día de los entrenadores y jugadores, pero sin ninguna intención concreta; era más bien estar a ver qué ocurría. Es cierto que no era fácil, a veces me iba a casa con la sensación de no haber hecho nada concreto. Sin embargo, tengo que decir que tuve la suerte de encontrarme con entrenadores con mucha inquietud e inconformismo con su tarea de formar jugadores y, sobre todo, ellos tuvieron la capacidad de ver lo mismo en mí. Siempre les agradeceré que me dieran el permiso de dejarme que entrar en sus mundos.

Lo que tuve claro es que la primera que tuvo que hacer un movimiento para "aprehender" todo ese mundo era yo. Solté aquello que me daba seguridad (mostrar mis conocimientos, por ejemplo, en este caso de psicología). Así que yo misma, con mi inquietud e inconformismo, empecé a trabajar.

Las bases parecían enraizarse para empezar a andar y construir una manera diferente de mirar el

desarrollo de jugadores. Fue necesario vivir varias etapas, intensamente, para llegar a dicho fin.

Paralelamente a mi proceso de comprensión de la realidad, la puesta en marcha de un planteamiento común para todos nuestros equipos, que propuso José Mari Amorrortu, abría a los entrenadores la necesidad de comprender qué significaba este planteamiento común, qué iba a demandar de ellos y, sobre todo, la necesidad de aprender a vivir en una nueva y desconocida cultura de trabajo por aquel entonces. El entrenador necesitaba entender que su equipo estaba vinculado a una organización con unas necesidades a largo plazo y que sus jugadores estaban dentro de un proceso de formación para algo más grande y mucho más complejo que ganar el próximo domingo. Todo ello pedía algo más que haber sido jugador profesional o estudiar *masters* en ciencias deportivas o en fútbol.

El gran objetivo era, y es en la actualidad, la evolución de los jugadores. Nuestras decisiones son tomadas pensando en la progresión del jugador ¿Cómo iba a responder a esta filosofía?

Por mi parte, estaba claro que necesitaba dejar atrás aquel punto de partida en el que yo me definía a mí misma como la psicóloga del deporte que trata de preparar mentalmente al jugador para afrontar la competición, entrenando su motivación, concentración, etc. Empezaba a comprender que en el Athletic la necesidad era otra. Pero ¿cómo? ¿Qué hacer? ¿Dónde mirar?

Una pregunta que me activó fue: ¿entreno técnicas con un jugador o desarrollo el potencial de la persona del jugador? En aquel entonces, ya tenía claro que yo no iba a ir por la vía de enseñar técnicas, pero todavía me quedaban algunos años para saber qué y cómo hacer esto de desarrollar jugadores.

CAPÍTULO 3

EL JUGADOR

APRENDIENDO A CAMINAR (2001-2004)

En el año 2001, entró una nueva dirección en Lezama. El Athletic es uno de los pocos clubes profesionales en el que sus socios eligen cada cuatro años un nuevo presidente y en esta ocasión hubo un cambio. De las elecciones se heredó una remodelación en las instalaciones, donde se habilitaron dos despachos para los psicólogos y una sala para el trabajo de equipo. Todo un lujo.

La entrada y salida de coordinadores, técnicos y otros profesionales hacía de Lezama una realidad viva, que iba modelándose a través de un proceso longitudinal en el tiempo. La nueva dirección dio continuidad a las ideas heredadas sobre la formación del jugador. Sin embargo, como en todo proceso, fue necesario definir lo que estábamos modificando, lo que poco a poco iba consolidándose y a lo que había

que continuar dando forma con nuestra vinculación diaria. En este período, aquellas ideas innovadoras fueron tomando forma, pero la dificultad no residía en comprender las nuevas ideas sino en rehuir de las viejas, que penetraban hasta el último rincón del cerebro de aquellos que habían sido educados con ellas.

El trabajo del Departamento de Psicología seguía enfocado en el jugador, como aquella parte del engranaje que había que arreglar. La intervención estaba focalizada en el segundo y tercer equipo del club (categorías de 2ª B y 3ª División, respectivamente). Como de momento éramos dos psicólogos, cada uno tomamos un equipo. Yo, esta vez, formaba parte del *staff* del equipo de Tercera, el Basconia, y también trabajaba cuando era necesario con los jugadores cadetes y juveniles. A veces por necesidades individuales y en otros casos planteaba un programa de trabajo con temas específicos. Pero a estos programas pocas veces venía el entrenador. Me daba cuenta que había una gran fractura en esa relación, como si fuese algo separado. Con el tiempo fui comprendiendo que la reacción o conducta del jugador tiene que ver con la reacción o conducta del entrenador. Estaba claro que hacía falta integrarlo y lograr que el entrenador se sienta parte del rendimiento del futbolista. Este proceso fue interesante, al principio el entrenador me decía: “María, ¿puedes hablar con

este jugador? Yo creo que tiene un problema o su personalidad no le deja rendir bien”. Entonces, yo les preguntaba: “¿Qué parte de ti puede influir en el jugador?”. El entrenador se quedaba pensativo...

Con el tiempo, la formulación de la petición fue cambiando: “María, ¿qué puedo hacer con este futbolista que le cuesta asumir las dificultades?”. Todavía se hablaba más del jugador que de tratar de arreglarlo, aunque es verdad que a través de algún cambio en las acciones del jugador. Finalmente, un día un entrenador me dijo: “María, necesito cambiar algo en mí, no consigo llegar a este jugador”. Aquí ya estábamos hablando de otra mirada, que tenía que ver con qué necesito aprender yo como entrenador para mejorar mi relación con el jugador, por ejemplo.

La inversión en comprender el fútbol y la cultura de trabajo de Lezama va dando sus frutos y la figura del psicólogo ya es parte de la cantera, tanto para la mayoría de los entrenadores como para los jugadores.

Las principales tareas consistían en asistir a todos los entrenamientos y partidos del equipo, trabajar con los entrenadores, con los jugadores, a los que les hacía un seguimiento individual, y con el equipo. Con el entrenador el contacto era diario; comentábamos el día a día, las necesidades, los problemas que surgían y, desde ahí, íbamos respondiendo a las necesidades del jugador y del equipo.

Me daba cuenta de que mi trabajo tenía que ver más con responder a lo emergente, que con programar reuniones de psicología con los jugadores. Era una mirada mucho más constructivista, donde el aprendizaje era un proceso activo y los jugadores eran los constructores del conocimiento y, por tanto, responsables del aprendizaje. Desde lo que estábamos viviendo en ese momento, desde las necesidades del día a día, el entrenador y yo preparábamos conversaciones con los jugadores, charlas o dinámicas con el equipo, que tenían que ver con diferentes temas que surgían en el día a día y que considerábamos que eran parte del desarrollo del jugador: afrontar la competición, objetivos de mejora, resistencias al cambio, comprender las emociones que nos surgían. Mi mirada hacia el jugador iba cambiando de tratar de darle soluciones o técnicas a ayudarle a mirarse a sí mismo y a que se conociese mejor.

Con el entrenador, preparábamos las charlas de antes y después de los partidos o entrenamientos. Cuando el entrenador me lo pedía, yo le daba *feedback* sobre su actuación. Sobre todo, creo que mi labor con él era ayudarle a reflexionar, a darse cuenta de sí mismo y de sus reacciones y si éstas eran o no beneficiosas para el jugador.

La reflexión básicamente abría el camino a un nuevo reto que rompía viejos paradigmas en cuanto a la figura del entrenador que *todo lo sabe*, que enseña como le enseñaron a él o que hace los entrenamientos que hacía él cuando era jugador.

Con todo, la clave de estos primeros años fue entender la realidad que estaba viviendo Lezama para poder desarrollar una intervención que respondiera a las necesidades de esta organización. Era prioritario entender desde la intervención psicológica que no se trataba de preparar al jugador para el partido del domingo sino para algo mucho más grande y lejano en el tiempo: preparar al futbolista para que fuera competitivo en el mundo profesional. Había que entender que el equipo era un medio para el desarrollo del jugador y que cada partido no era un fin en sí mismo sino otro medio más de aprendizaje. Todo ello, obligaba a empezar la gestación de una psicología que respondiese a las necesidades de Lezama.

La mirada centrada en el apoyo emocional fue ampliándose hacia una perspectiva más transformadora. Hacía falta transformar, crecer hacia una cultura de aprendizaje.

CAPÍTULO 4
EL ENTRENADOR
UN NUEVO PASO (2004-2007)

En septiembre de 2004 se hizo una nueva valoración de la situación del fútbol a nivel mundial y se retomó la dinámica del trabajo iniciada en 1995, pero ya muy evolucionada con respecto a lo que anteriormente habíamos iniciado. En ese momento, la mayor preocupación de la dirección fue la formación del entrenador en esta filosofía de trabajo y la cohesión de arriba hacia abajo en torno a ella.

Si decimos que el jugador es nuestro valor, el entrenador será una pieza importante en este proceso. El entrenador que entraba a trabajar en Lezama tenía que comprender una filosofía de trabajo, adaptarse a una metodología y a un estilo de juego. Todo eso no se hacía con una explicación o una charla.

La nueva coordinación apostaba mucho más fuerte y claro por el trabajo con entrenadores. Entender

la necesidad de formación del entrenador en una filosofía y metodología diferente. Por ambas partes, dirección y entrenador iban a ser pasos claves.

El primer paso, el más difícil, fue gestionar las **resistencias al cambio** que se vivían en muchas partes de la organización. El cambio en las formas de trabajo, con nuevos métodos, provocó que los entrenadores tengan dificultad para reciclarse, para interiorizar un nuevo estilo de liderazgo y un nuevo rol. En los jugadores también surgen nuevas y distintas exigencias, en los dirigentes aparece la dificultad de entender un cambio y en los medios de comunicación está siempre presente la crítica como reflejo de su incomprensión, además de tener que afrontar la dificultad de cambiar los discursos.

La reflexión, principalmente, abría el camino a un nuevo reto que rompía con paradigmas del pasado en cuanto a la figura del entrenador que todo lo sabe, que enseña cómo le enseñaron a él o que hace los entrenamientos que hacía él cuando era jugador. Cada vez era más evidente la formación del entrenador que entraba en Lezama a comprender su filosofía y saber plasmarla en el día a día.

En toda transformación cultural, la clave es que se produzca un cambio en la forma de pensar y de sentir, no solo en el hacer, que muchas veces se produce por obediencia más que por convicción. Este paso fue uno de los cometidos del Departamento de Psicología: materializar la filosofía y los nuevos valores en acciones y nuevos significados.

La apertura al cambio y la mejora continua eran dos valores necesarios que fuimos trabajando para el desarrollo e implantación de algunos fundamentos, tanto en aquel espacio físico como aprovechando las conversaciones que surgían en el campo en su día a día.

Esta nueva cultura organizacional se debía trasladar a acciones concretas, por lo que desde el Departamento de Psicología centramos el trabajo en enraizar en las personas, en su día a día, ciertos fundamentos sobre los que se estaban cimentando implícitamente una forma de trabajo. Con el tiempo se fueron haciendo cada vez más explícitos y acabaron siendo parte del proceso de implementación de una cultura de aprendizaje.

Primer fundamento: La filosofía y hablar en primera persona

El primer reto del Departamento de Psicología, que ya solo se componía de una persona, fue **crear un espacio físico.** Una sala con una mesa redonda y unas sillas bastaron, donde los entrenadores se sentasen y compartiesen su día a día: sus vivencias, sus miedos y sus preocupaciones. El proyecto demandaba una manera de trabajar común, bajo un mismo

plan de viaje para todos, con unos paradigmas muy diferentes a los que todos traíamos. Este espacio era más importante de lo que yo creía al principio, iba a ser el inicio de un gran cambio en nosotros y en nuestra manera de mirar el desarrollo del jugador. El espacio físico del principio fue adquiriendo un valor de confianza y convirtiéndose en un espacio de aprendizaje. Se trataba de que todos reconociéramos la necesidad de aprender y lo que eso involucraba: cambiar.

De esta forma, se empezó a ver la **necesidad de formación y aprendizaje en el entrenador**. Cuando un entrenador entra en Lezama, necesita comprender una filosofía de trabajo, con unos valores ya muy instalados, por lo que tiene que adaptarse a una metodología común. Al hacerlo, el entrenador pasará por un pequeño duelo de pérdida de ser el centro, de no tener el poder total, de perder autonomía. Es decir, la organización ya no está a su servicio, sino él se pone al servicio de las necesidades de la organización y el entrenador, entonces, necesita ser acompañado durante este proceso.

La filosofía de trabajo fue tomando fuerza y contenido. Hablábamos mucho de lo que era desarrollar jugadores y de las diferencias de otras maneras de trabajar. Fue una guía en el camino que ayudaba a encontrarnos cuando alguien se perdía, no entendía algo o aparecían los egos, el cortoplacismo y la tiranía de los resultados.

Con el tiempo, en el año 2007 aproximadamente, recogimos todas estas reflexiones y las representamos en un cuadro, que nos servía de referencia para los nuevos entrenadores que entraban a trabajar en el proyecto.

FUNDAMENTOS DEL ENTRENAMIENTO Y LA COMPETICIÓN

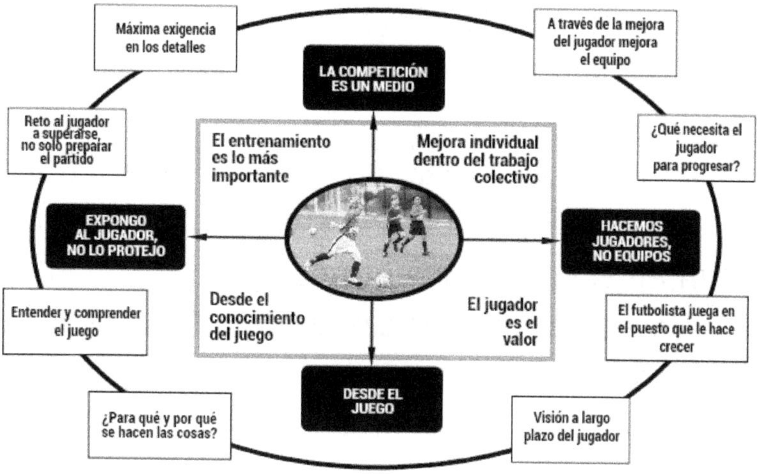

Máxima exigencia en los detalles

LA COMPETICIÓN ES UN MEDIO

A través de la mejora del jugador mejora el equipo

Reto al jugador a superarse, no solo preparar el partido

El entrenamiento es lo más importante

Mejora individual dentro del trabajo colectivo

¿Qué necesita el jugador para progresar?

EXPONGO AL JUGADOR, NO LO PROTEJO

HACEMOS JUGADORES, NO EQUIPOS

Entender y comprender el juego

Desde el conocimiento del juego

El jugador es el valor

El futbolista juega en el puesto que le hace crecer

¿Para qué y por qué se hacen las cosas?

DESDE EL JUEGO

Visión a largo plazo del jugador

Algunos entrenadores llegaban con la idea de ascender de categoría, de promocionarse, con miedo a perder y a no cumplir expectativas. Otros, en cambio, venían a ver los entrenamientos de los que llevaban más tiempo, se quedaban hablando sobre sus dudas, preguntaban y se preocupaban por entender la realidad de Lezama.

Un paso clave en este período fue integrar el hecho de hablar en primera persona: “A mí me pasa

que...", "yo...", "estoy en un momento que...". Porque éste era el material con el que necesitábamos trabajar. No con las quejas, excusas o ideales, que no llevan a transformar nada.

La primera persona compartida en las reuniones que hacíamos fue la puerta al trabajo de autoconocimiento del entrenador. Con el tiempo a todos se nos hacía extraño oír a alguien decir: "Es que los jugadores no quieren compromisos". Nuestra reflexión iba en otra dirección: "Y tú, ¿a qué te estás comprometiendo? ¿Cuál es tu dificultad ahí? ¿Qué dice eso de ti?".

Esta forma de trabajo comenzó a hacer equipo y entre todos fuimos construyendo un planteamiento común en el entrenamiento psicológico con el jugador a través de conversaciones, que tenían como fin el desarrollo profesional de los entrenadores mediante el autoconocimiento.

Basamos nuestro trabajo en dar estructura al contexto de aprendizaje, donde el jugador se centrara en su mejora más que en ganar el partido del domingo o en ser titular. Esto nosotros lo teníamos claro, pero ¿cómo lo transmitíamos al jugador?

Segundo fundamento: El lenguaje

"El lenguaje crea realidades. Cuando hablamos, intervenimos en la creación del futuro, modelamos nuestra identidad y el mundo en que vivimos. La forma en que hablamos, qui´zas, sea el factor más importante para definir la forma en que seremos vistos por los demás y por nosotros mismos", sostiene el biólogo Humberto Maturana[9].

¿De qué hablamos en nuestra organización? ¿De qué hablamos con nuestros jugadores? ¿Qué realidad queremos crear? Si queríamos una cultura de desarrollo de jugadores teníamos que hablar de mejorar, aprender, objetivos, desafíos, retos, dificultades...

La línea de trabajo que llevamos se basa en la observación de la comunicación del entrenador en el campo y en el vestuario, en dar importancia a qué decimos y cómo lo decimos. Las conversaciones con los jugadores, las explicaciones de los ejercicios, las charlas en los partidos, las instrucciones y correcciones eran objeto de trabajo con los entrenadores a través de registros, grabaciones en video y de tomar conciencia de la importancia de la coherencia entre lo que digo y lo que hago.

Maturana sostiene que el lenguaje no es inocente, sino que refleja el esquema mental desde el que actuamos. Analizar nuestro lenguaje y la manera de

---

9 Humberto Maturana, biólogo chileno especialista en conocimiento y organizaciones.

comunicarnos también era otra vía de autoconocimiento, que nos ayudaba a ser conscientes de nuestras creencias imperantes y dar paso a creencias más acordes con la filosofía de trabajo a través de la formación y los procesos de autoconocimiento. Tuvimos que elaborar ideas, conceptos y nuevos lenguajes que ayudaban a estos tránsitos y difundirlos a los entrenadores de manera que sus barreras mentales, dependientes de entender la realidad desde esquemas del pasado, fueran disminuyendo.

En esta etapa del cambio no se trataba solo de una transformación de métodos, de perfiles o de estructuras, sino que, en mi opinión, era una **transformación de conceptos**, de significados. ¿Qué es un jugador competitivo? ¿Qué es ganar? ¿Qué es competir? ¿Qué es el éxito? ¿Qué es el esfuerzo? El sustento de este proceso era reflexionar sobre estos conceptos y llegar a unificar sus significados. Así, nos replanteamos el significado de ser entrenador en Lezama.

Necesitábamos **crear nuevos discursos** para que los jugadores pensasen en conceptos de mejora, de aprendizaje, de superación, en objetivos. Éramos conscientes de que muchos de los discursos que se oyen en el fútbol no eran coherentes con nuestra manera de ver la formación. Así, por ejemplo, para nosotros siempre que el jugador no alcanza su máximo rendimiento, aunque supere al contrario o sea el mejor de su equipo, no podemos hablar de que hemos ganado, ni de que hemos competido, ni de que hemos alcanzado el éxito buscado.

El mundo del fútbol está lleno de paradigmas y creencias ("el fútbol es así", "los resultados mandan", "entreno para el partido"). Podríamos discutir si son verdaderas o falsas, pero no es esa la cuestión. Se trata de revisar cuáles son los modelos mentales, las creencias que nos guían como club y si éstas nos ayudan a conseguir lo que queremos.

El éxito de la transformación es que estos conceptos se interioricen y éste es el primer paso en mi trabajo con los entrenadores, los principales agentes del cambio.

Tercer fundamento: Aprender a aprender, trabajo de objetivos

Comprendíamos los objetivos como un medio para que el jugador sea capaz de enfocar la atención en aquello que le va a hacer crecer o solucionar los problemas que les plantea el juego. Queríamos, sobre todo, que fueran una herramienta para reflexionar sobre uno mismo, de mirarse y de conocerse. De nada sirve un entrenamiento si no sé qué objetivo tiene, si no veo significado en lo que hago (para qué y por qué), si no recibo *feedback* de mi rendimiento. El aprendizaje es acción más reflexión, a través del trabajo de objetivos lográbamos ambas tareas.

Esta dinámica también la utilizaban los entrenadores, la mayoría de las veces por iniciativa propia y otras porque los objetivos pasaron a ser parte de la cultura y todos hablábamos desde ellos. Así que no solo todos los jugadores tenían objetivos, los entrenadores también.

Al principio los teníamos puestos por escrito en los vestuarios, los jugadores se iban valorando en las hojas, pero lo importante no era tanto la valoración sino ese momento en que el futbolista reflexionaba sobre lo que había entrenado y cómo lo había hecho.

Además, a los entrenadores les ayudaba a centrar sus instrucciones y correcciones según los objetivos del jugador. Era una tarea que unía al entrenador y al jugador en el reto de su mejora, lo cual abría posibilidades de diálogo entre ambos. No solo la comunicación entre entrenador y jugador aumentó en cantidad y calidad, sino también se incrementó el conocimiento más profundo del futbolista. Ayudaba a mejorar algo que muchas veces se preguntan los entrenadores: ¿cómo llegar al jugador?

Con el tiempo los objetivos los gestionaron los propios entrenadores, ya no hacía falta tenerlos en la pared, los jugadores habían interiorizado los objetivos como parte de su proceso de aprendizaje gracias al compromiso de los entrenadores y a la continuidad que se les dio. Desde los alevines hasta el

tercer equipo del Athletic Club trabajaban con este sistema.

Recuerdo que Txema Noriega, el coordinador de Lezama en este período me dijo: "Tienes que llevar la psicología a todo Lezama, no solo a los jugadores sino también a los entrenadores". "¿Cómo?", pensé y le dije de primeras que no. Que individualmente algo podría hacer con algunos, pero que en grupo era imposible, no querían ni aprender ni trabajar juntos. Cuando salí por la puerta, respiré y comencé a pensar cómo hacerlo, otra vez a volver a empezar sin saber ni cómo ni dónde. No quedaba otra que aprender. Es cierto que hacia falta algo más holístico, algo global que abrazase todo el proceso de formación del jugador de una manera integral.

El trabajo de los años anteriores había sido con un entrenador y un equipo. Ahora se intentaba romper este binomio entrenador-equipo y pasar a un grupo de entrenadores que tienen el objetivo común de desarrollar jugadores.

> *"Eso llevó a otra evolución en el aprendizaje, donde la reflexión de las praxis tenía cada vez más espacio y contenido. Quedaba por descubrir cómo iban a ser las palancas de cambio de dicha transformación". (Andrea Ruffinelli)*[10]

10 Andrea Ruffinelli, experta chilena en educación, que expresó esta idea en 2007.

Cada vez me daba más cuenta de que **mi mirada** iba cambiando y, en consecuencia, también mi rol. Me daba cuenta de que en mi día a día era alguien que creaba y facilitaba espacios de aprendizaje tanto con jugadores y con entrenadores, más que desplegar programas de técnicas mentales para los deportistas.

Tuve la suerte de que empezaba un grupo de nuevos entrenadores y que mi trabajo de inmersión en el mundo del entrenador empezaba a dar sus frutos. Los entrenadores más veteranos venían con regularidad a hablar conmigo, yo ya no necesitaba estar todo el día en el campo y esto fue un gran ejemplo para los nuevos, que veían como algo normal trabajar con la psicóloga.

Así que lo primero que hice fue buscar una mesa redonda donde sentarnos. Es curioso porque hoy en día ya no necesito mesa, una sala vacía con unas sillas me es suficiente para que se genere un espacio de aprendizaje. Este espacio tenía el fin de que los entrenadores se sentasen y nos pusiésemos a reflexionar para generar nuevos conocimientos de lo que hacíamos y de nosotros mismos. En esta etapa del cambio no se trataba solo de una transformación de métodos, de perfiles o de estructuras, sino que era una transformación de conceptos y de significados: ¿qué es un jugador competitivo? ¿Qué es ganar? ¿Qué es competir? ¿Qué es el éxito? ¿Qué es el esfuerzo?

El sustento de este proceso era reflexionar sobre estos conceptos y llegar a unificar sus significados. Nos replanteamos el significado de ser entrenador en Lezama. Y ahora, 20 años más tarde, reconozco que aquella resistencia, aquella negación, fue la semilla de la profesional que soy ahora.

Pero, volviendo a aquel momento en Lezama, la primera pregunta que nos planteamos en esa mesa fue: ¿qué tipo de jugador queremos desarrollar? Y la segunda fue una consecuencia de la primera: ¿qué implica esto en nuestro rol como entrenadores en nuestro día a día?

En una de aquellas reuniones apunté algo que dijo Edorta Murua[11], actual director de fútbol en Aspire Academy de Qatar.

> *"La realidad del fútbol nos indica que los jugadores deben estar preparados para afrontar las situaciones que el juego les va a presentar. Un juego que les reclama ritmo, intensidad, velocidad, determinación, pero también control, equilibrio, pausa. En definitiva, comprensión del juego. Para entender el juego es necesario pensar en el juego. Necesitamos jugadores que piensen, que sean autónomos, que*

11 Edorta Murua, exjugador y entrenador profesional, fue director de Metodología en Lezama en dos etapas, también lo fue en la cantera del Atlético de Madrid. Después ha dirigido las categorías de formación de la U de Chile y es el director de Fútbol en la Academia Aspire de Qatar desde 2017.

entiendan el juego y que tomen decisiones por sí mismos".

Esto me hizo pensar que había otro paso que dar: acabar con la separación entre quienes piensan (entrenadores) y quienes obedecen y ejecutan (jugadores)[12]. Y eso, como más adelante iremos viendo, implicaba replantearse el estilo de liderazgo del entrenador.

Recuerdo que, en un principio, fui yo quien tuvo la iniciativa de reunirnos. Dividimos a los entrenadores en dos grupos, de alevines a cadetes en un grupo y los de juveniles y Tercera División en otro. Nos reuníamos cada quince días y, entre medio, me juntaba individualmente con cada entrenador. En esas reuniones también participaba el coordinador y el responsable de metodología, quienes proponían temas para trabajar y yo preparaba la dinámica y facilitaba la reunión. Necesitábamos crear nuevos discursos para que los jugadores pensasen en aspectos de mejora, de aprendizaje, de superación, en objetivos. Lejos de los mencionados clichés y creencias propias del mundo del fútbol. No pretendo entrar a mirar si son verdaderas o falsas, porque además creo que no es esa la cuestión, pero si me alerta que las asumimos y ya está. Se trataba, en aquel entonces, de revisar cuáles son los modelos mentales, las

12 Maite Dárceles, consultora guipuzcoana de Hobest, con gran experiencia en organizaciones.

creencias que nos guían como club y si nos ayudan a conseguir lo que queremos.

Para mí era difícil liderar este tipo de reuniones. Si realmente quería que fuesen espacios de diálogo transformadores, mi rol tenía que dar un paso más. Hoy en día es algo en lo que me sigo preparando, porque facilitar espacios de aprendizaje colectivo implica mucha preparación por parte del facilitador. Sin embargo, mi foco ahora no está solo en organizar y dinamizar la reunión, sino en que las personas que participen en ella sean cada vez menos dependientes de mí.

> *"Tal vez resulte útil tener un moderador que mantenga el curso del encuentro... Pero para que la cosa funcione no debería llevarse a cabo como si fuera un trabajo, aunque esta ocupación requiere tiempo. Durante este tiempo, todo lo que hemos señalado irá apareciendo y las personas aprenderán a ser cada vez menos dependientes de la figura del moderador." (David Bohm)*[13]

El éxito de la transformación era que estos conceptos (éxito, ganar, desarrollar talento, aprendizaje) fueran interiorizando tanto a los jugadores como a los entrenadores, ya que éstos eran los principales agentes del cambio. Poco a poco empezamos a compartir vivencias, miedos y preocupaciones. Las con-

---

13 David Bohm, físico estadounidense con importantes contribuciones a la neuropsicología.

versaciones que surgían en las reuniones iban también evolucionando de aspectos técnicos y superficiales a temas vivenciales y profundos. Se trataba de reconocer su necesidad de aprender.

Con el tiempo fueron los entrenadores los que tomaban la iniciativa de venir a hablar conmigo y quienes pedían seguir aprendiendo y profundizando en lo que hacíamos.

De esta forma, se empezó a ver la necesidad del aprendizaje en el entrenador. Comencé a ver que cuando un entrenador entraba a trabajar en Lezama, necesitaba comprender una filosofía de trabajo con unos valores ya muy instalados y además tenía que adaptarse a una metodología común. Al hacerlo, el entrenador pasaba por un pequeño duelo de pérdida de ser el centro, de no tener el poder total, de perder autonomía. Es decir, la organización ya no estaba a su servicio sino que él se ponía al servicio de las necesidades de la organización, lo que implicaba un acompañamiento al entrenador durante este proceso, ya que lo necesitaba.

Se hacían reuniones en grupo, donde se buscaba primero comprender, luego interiorizar y, finalmente, cómo llevar a la práctica esa filosofía. Estas reuniones fueron muy fructíferas para el Departamento de Psicología, ya que aprendíamos todos de todos y, por primera vez, se compartían las presiones, los miedos y las vivencias de ser entrenador en Lezama.

Aparecían frases como: "cuando entras en Lezama te das cuenta de que no sabes, por lo menos, lo que tu creías", "admitir que no se sabe es difícil y más en fútbol", "en el fútbol te valoran por los resultados".

Esta forma de trabajo comenzó a hacer equipo y entre todos fuimos construyendo un planteamiento común para afrontar el entrenamiento psicológico con el jugador. La conversación, el diálogo que propone David Bohm[14] y la construcción de relaciones transformadoras iban a ser los pilares de nuestro entrenamiento psicológico. En ese tiempo me di cuenta de que, después de seis años, podía decir que la psicología y yo estábamos integradas en el proceso formativo de Lezama.

Avanzábamos e iban apareciendo diferentes preguntas: ¿Para qué y para quién trabajamos los entrenadores en formación? ¿De qué hablamos en nuestra organización? Se sumaban en ese trabajo para obtener una cultura de desarrollo de jugadores.

Nos basamos en la necesidad de aprender a aprender de los entrenadores y los jugadores, en el trabajo de objetivos, en estructurar los entrenamientos de manera que hubiese espacios de reflexión y diálogo con los jugadores. Es decir, pasamos de monólogos y largas charlas de los entrenadores a que el jugador participase de ellas y fuera su pensamiento y su

14 David Bohm, en su libro Sobre el diálogo, 1997.

reflexión la que dirigiera la charla o la conversación. Examinábamos nuestra comunicación.

Este fue otro gran paso, si queríamos transformar la relación entrenador-jugador. En Lezama necesitábamos evolucionar de un jugador que obedece a un jugador que piensa. El aprendizaje pasa a ser un valor para nosotros. Se trata de conseguir la participación activa del jugador en su propio aprendizaje. Por lo tanto, no se trata de que el entrenador llegue y diga lo hay que hacer.

> *"Saber qué enseñar no es transferir conocimiento, sino crear las posibilidades para su propia producción o construcción". (Paolo Freire)*[15]

Los entrenadores de aquel entonces propusieron trabajar con objetivos. Para ello, hicimos una reflexión sobre por qué y para qué los íbamos a utilizar, qué sentido les íbamos a dar y cómo los íbamos a desarrollar. Se decidió ver los objetivos como un medio para que el jugador fuera capaz de enfocar la atención en aquello que le va a hacer crecer o solucionar los problemas que le plantea el juego (adversidades, problemas tácticos, manejo de emociones). Los objetivos debían ser una herramienta para reflexionar sobre uno mismo y conocerse. La utilidad de un entrenamiento pasaba por tener un objetivo y

15 Paolo Freire, pedagogo brasileño que con su modelo de diálogo creó un nuevo camino de relación entre profesores y alumnos. *Pedagogía del oprimido* (1970).

conocerlo, saber por qué y para qué entreno algo y recibir el *feedback* de mi rendimiento.

"Si los jugadores tienen objetivos, nosotros también deberíamos tenerlos", afirmó un entrenador un día. Así que cada entrenador se puso sus objetivos y, sobre todo, diseñaban cómo iban a establecerlos, seguirlos y evaluarlos.

Los objetivos pasaron a ser parte de la cultura del jugador y se convirtieron en otra puerta para abrir diálogos entrenador-jugador, lejos de la típica moralina de cuando uno jugaba mal. Estaban centrados en las necesidades, en las mejoras del jugador, algo que entrenador y jugador habían pactado antes. La relación, la aproximación al jugador se iba transformando. Los objetivos más que una técnica motivadora pasaron a ser un tipo de relación que propiciaba aprendizaje y toma de conciencia sobre uno mismo, sobre dónde estoy y dónde necesito estar para crecer como jugador.

Este trabajo de los objetivos como toma de conciencia y autoconocimiento, empezaba a dar sus resultados cuando escuchabas cómo el jugador hablaba de sí mismo, cuando preparaba los entrenamientos o partidos o cuando conversaba con los entrenadores. Por ejemplo: "Tengo este objetivo desde el año pasado y creo que he mejorado mucho desde aquel entonces. ¿Cuántos contactos doy en cada acción? Tengo que valorar si hay alguien situado mejor

que yo para recibir el balón. Atacar y aparecer en el espacio en el momento adecuado. En algunas ocasiones estoy, pero no aparezco", decía un jugador infantil.

Hablando de amplitud: "Atacar al espacio desde posición, control de la amplitud, no solo fijarme en balón. Y en la profundidad: debo moverme por la posición, orientarme para ver más cosas", decía otro jugador del cadete A.

Los objetivos estaban siendo un espejo donde se reflejaba cómo los jugadores iban interiorizando el lenguaje común, cuánto eran conscientes de sí mismos, qué puntos ciegos tenían y, por supuesto, se veía reflejado el trabajo del entrenador en todo esto.

Cuando los entrenadores comenzaron a trabajar con sus propios objetivos fue una gran iniciativa, que ayudó a dar más naturalidad al aprendizaje del entrenador. Se pedían *feedbacks* entre ellos para saber cuáles eran sus objetivos de mejora más importantes, para ser conscientes de sus puntos fuertes y para ir actualizándolos. Fue un gran paso y la iniciativa fue suya.

Al principio, escribíamos los objetivos de los jugadores en unas hojas, las plastificábamos y las colgábamos encima de la percha de ropa que los jugadores tenían en el vestuario. Los jugadores los iban valorando en las hojas, que previamente habían elaborado con el entrenador, y ya veían como algo natural reflexionar sobre lo que habían entrenado y cómo lo habían hecho.

Además, esta dinámica de trabajo con objetivos iba cambiando en los entrenadores la manera de mirar al jugador. Estábamos desarrollando una mirada centrada en las necesidades de mejora del jugador, en centrar sus instrucciones y correcciones según los objetivos del propio futbolista. Era una tarea que unía al entrenador y al jugador en el reto de su mejora, lo cual abría posibilidades de diálogo entre ambos. No solo la comunicación entre entrenador y jugador aumentó en cantidad y calidad, sino también en el conocimiento más profundo del jugador. Todo ello, ayudaba a algo que muchas veces se preguntan los entrenadores: ¿cómo llego al jugador?

Con el tiempo, los objetivos los gestionaron los propios entrenadores, ya no hacía falta tenerlos en la pared, los jugadores habían interiorizado los objetivos como parte de su proceso de aprendizaje gracias al compromiso de los entrenadores y a la continuidad que se les dio en el tiempo.

Teníamos claro que los objetivos no sirven para nada si se quedan en la pared, hay que verlos en acción, había que trasladarlos al campo. Necesitábamos crear contextos de aprendizaje; es decir, reinventar espacios dentro y fuera de los entrenamientos y partidos.

¡Esto no tenía fin! La dificultad crecía en el desarrollo del jugador. Quizá una de las tareas más difíciles de los entrenadores era ayudar a crecer al jugador. Veíamos que el foco del desarrollo del talento ya no solamente trataba de meter goles, queríamos que el jugador pensase, decidiese, que se comunicase, que funcionasen como equipo, que hubiera comprensión del juego. Por todo ello, tuvimos que preguntarnos: ¿Estamos creando espacios para poder desarrollar todo esto? ¿Cómo los estamos creando? Hoy los espacios profesionales tienen que permitir que afloren más cosas.

Cuarto fundamento: Crear una cultura de aprendizaje

En nuestras conversaciones diarias salió la preocupación de cómo llevar los objetivos al entrenamiento y al partido y, sobre todo, cómo integrarlos en el día a día. Para ello, partimos con una estructura que propiciase desplegar el aprendizaje en los entrenamientos y partidos. Ambos momentos los dividimos en antes, durante y después. Y en cada espacio nos preguntábamos qué queríamos que aprenda el jugador. A partir de este "¿qué queremos?", "¿qué necesitaba el jugador aprender en esos momentos?", nos iba apareciendo cómo hacerlos.

ESTRUCTURA DE APRENDIZAJE EN LA PREVIA AL ENTRENAMIENTO

¿POR QUÉ Y PARA QUÉ? *¿QUÉ BUSCAMOS, QUÉ QUEREMOS?*	• OBJETIVO del ejercicio • TRASLADAR objetivo AL JUEGO REAL • HERRAMIENTAS que necesitas para conseguir esos objetivos
LAS NORMAS DEL EJERCICIO NO TE PUEDEN DESVIAR DEL OBJETIVO	• Que el jugador las tenga presentes en el vestuario y que las estudien ellos • Aclarar dudas • Centrar al jugador en la TAREA
EL JUGADOR Y SU APRENDIZAJE	• ¿Qué DIFICULTADES me va a suponer alcanzar ese objetivo? • Recordar OBJETIVOS INDIVIDUALES que están relacionados con el objetivo del ejercicio

Por ejemplo, ¿qué aprende un jugador antes de un entrenamiento o partido? Así creamos los previos. Antes de los entrenamientos, se dejaba colgada la sesión en el vestuario para que los jugadores se responsabilizaran de mirarla y fueran preparándose para el entrenamiento. Ellos eran los que explicaban los ejercicios, el sentido de estos (por qué y para qué lo hacemos), los objetivos y las dificultades que pueden surgir, cómo superarlas y, sobre todo, relacionarlo con los objetivos de cada uno. De esta rutina aparecieron lo que los entrenadores llamaban los “previos”. El momento anterior del entrenamiento había tomado ya su propia identidad como espacio de aprendizaje. Y así, poco a poco, lo fueron tomando los demás espacios. Cuando hablaba con los en-

trenadores me decían: "Estamos mejor en el cierre" o "ayer tuvimos un previo muy interesante".

Entre todos, estructuramos los antes, durante y después de los entrenamientos y partidos como espacios de aprendizaje. Es decir, entendíamos que antes, durante y después de un partido se generan espacios de aprendizaje donde la interacción entrenador-jugador daba forma y contenido a ese aprendizaje.

DURANTE EL ENTRENAMIENTO

GENERAR CONTEXTO	
Sintonizar	Nervios vs escucha

↓

¿QUÉ TRAE EL JUGADOR?	
Escucha	¿Qué habéis visto?

↓

QUIEBRE / RETO	
¿Para qué este ejercicio?	¿Qué buscamos, objetivos?

↓

VULNERABILIDAD / RESPONSABILIDAD			
Lo estamos logrando	¿Qué dificultad tengo?	¿Qué podemos hacer distinto?	¿Qué te falta?

↓

PLAN / COMPROMISO	
¿Qué voy a hacer?	¿A qué me compromento?

¿Qué aprende un jugador antes del entrenamiento? La respuesta depende de la realidad que creemos los entrenadores. Si el entrenador da largas explicaciones de táctica, el jugador aprenderá a escuchar u obedecer las instrucciones, pero nosotros teníamos claro que queríamos alejarnos de eso. Lo que buscábamos era crear interacción con el jugador para que aprendiera a prepararse para el entrenamiento con reflexiones como: ¿qué objetivo tiene el ejercicio? ¿Qué me pide a mí este ejercicio? ¿Qué aprende el jugador antes de un partido?

Muchas veces se dan mensajes vacíos de contenido y muy generales, otras veces los entrenadores tiran de clichés ("vamos a divertirnos", "es un partido para aprender"). Sin embargo, en el descanso no se da continuidad a esos mensajes iniciales, no se revisan o no se miran para comprenderlos más y los mensajes dependerán más de cómo va el resultado que de las necesidades que tiene el jugador para crecer.

ESTRUCTURA DE APRENDIZAJE DE LOS PARTIDOS

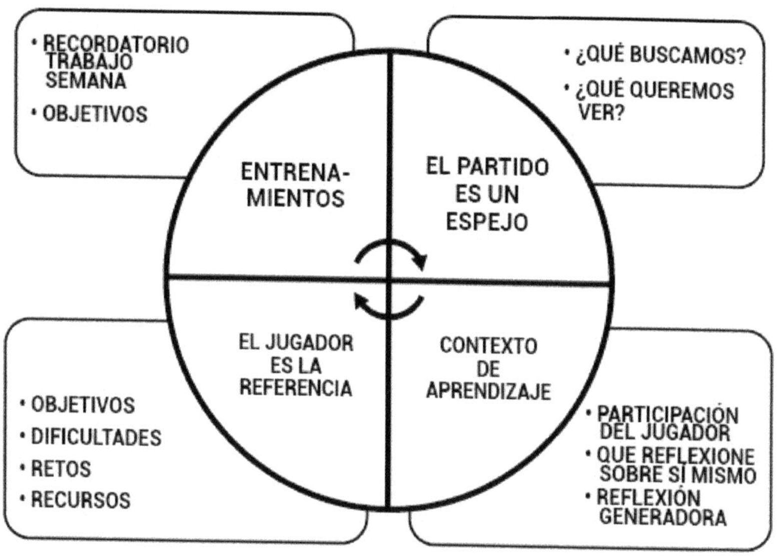

Por ello, con los entrenadores decidimos antes de los partidos hablar de qué habíamos entrenado durante la semana, de qué objetivos tenían los ejercicios, de qué buscábamos con ellos, qué dificultades nos encontrábamos y cómo superarlas. Además, se hablaba de los objetivos de cada jugador y qué relación tenían con los objetivos de los ejercicios. En los descansos, los jugadores hablaban sobre si habían logrado o no sus objetivos, qué les estaba faltando y qué estaban logrando. Poco a poco, el jugador iba tomando más protagonismo en estos espacios, lo que ayudaba a la reflexión y al aprendizaje. El lenguaje que usaban los jugadores era un indicador de

que la cultura de aprendizaje estaba cada vez más impregnada en Lezama.

No se trata de decir "hoy les voy a dejar a ellos solos", como alguna vez me decía algún entrenador, porque la gran diferencia es que en este caso no estaría enmarcado en un contexto de aprendizaje y, en nuestro caso, formaba parte de una cultura de aprendizaje.

Fue una experiencia muy interesante, colateralmente emergían comportamientos de liderazgo entre los jugadores. Recuerdo que un día de partido, un entrenador llegaba corriendo porque había tenido un problema personal y era tarde. Cuando iba a entrar al vestuario, el delegado le dijo: "Tranquilo, ellos ya han empezado a prepararse para el partido". Cuando el entrenador entró, los jugadores estaban hablando, uno estaba en la pizarra, otro estaba hablando y todos los demás escuchaban. Alguien tomó el liderazgo y dijo a los demás: vamos a empezar la charla. Estamos acostumbrados a oír frases como "los chavales no quieren comprometerse" o "no hay líderes en el vestuario", pero ¿les dejábamos liderar? En el momento que les dimos un espacio adecuado, surgieron acciones de liderazgo, no fue casualidad.

También era muy importante para nosotros los cierres de un entrenamiento o de un partido. ¿Qué se llevaba el jugador a casa? Me viene a la memoria un lunes que llegaba a Lezama y me encontré con cuatro alevines que iban a hacer los deberes:

—¿Qué tal fue el partido del sábado? —les pregunté.

—Mal —me contestó uno.

—¿Ah sí, por qué? —pregunté inocentemente.

—Porque perdimos —contestó otro como diciendo “ésta no se entera que si se pierde es lógico que se juegue mal”.

—¿Tú que tal jugaste? —pregunté a uno.

—Bien —me dijo.

—¿Y tú?” —le pregunté al segundo

—Bien” —coincidió y lo mismo me dijo el tercero.

—Entonces, ¿quién ha jugado mal?” —les cuestioné.

—El equipo —me contestó el cuarto con rotundidad.

Al principio me eché a reír, pero cuando entré a mi despacho sentí que algo no estábamos haciendo bien. ¿Qué habían aprendido estos jugadores del partido? ¿Qué se habían llevado para sí mismos? Estaba claro que teníamos mucho trabajo por delante.

Entender el rol del entrenador como formador fue un trabajo muy interesante, hacer una reflexión sobre cómo prepara un entrenador profesional un partido, o un entrenador que no tiene una filosofía de desarrollar jugadores, y cómo lo prepara un entrenador que ha comprendido su rol formador.

¿Cómo afrontaría un partido importante (un entrenamiento, ejercicio...) un entrenador profesional y cómo lo tendría que afrontar un entrenador de fuerzas básicas?			
	CRITERIOS	ENTRENADOR profesional	ENTRENADOR formador
ENTRENADOR	PLANTEAMIENTO DE PARTIDO · Objetivos. · Predisposición.	· No salir goleado. · Perder por poco. · No dar mala imagen. · Motivar.	· Recordatorio de la semana. · Ayudar a que se cumpla el trabajo. · Búsqueda del rendimiento.
	ENTRENAMIENTOS · Ejercicios. · Mensajes durante semana. · Participación.	· Dirigidos al partido. · Forma de jugar condicionada por el juego del rival. · Ejercicios de contención para naturalizar. · Mensajes para rebajar tensión.	· Planificar, conseguir, explicar objetivos. · Importancia del proceso. · Mensajes: no decir lo que tienes que hacer. · Preguntas: ¿qué hemos trabajado? Relacionarlo con ejercicios, objetivos. · Pensar desde el jugador.
	PARTIDO · Mensajes (antes, descanso). · Correcciones.	· Mensajes de convicción de que se puede neutralizar al rival. · Descanso: dependiendo del resultado. · Correcciones según el daño que nos han hecho.	· Mensajes individuales por puesto. · Preguntar cuál es el objetivo. · No charla. · Correcciones en base a criterios. · Preguntar al jugador. · Valentía (valores), ¿por qué no también en los partidos? Recordar semana.
	CONDUCTAS · Reacciones ante el resultado, juego y rendimiento. · Exigencia y rigor.	· Mucha actividad mientras el resultado sea favorable. · Independiente del juego desarrollado por su equipo. · Exigencia y rigor para no resentirse en el esfuerzo.	· Continuidad en mensajes. · El partido es un medio. · Valorar si el jugador afronta y resuelve situaciones. · Valorar si el jugador muestra recursos. · Continuo desafío.

El último paso fue propiciar que los jugadores gestionasen ellos los antes de los partidos, el entrenador tenía un rol facilitador de toda aquella dinámica. Los jugadores se organizaban entre ellos y hablaban de la semana, objetivos, dificultades y recursos. Esto era parte de un proceso de aprendizaje y se hacía así en todos los partidos y torneos. Ahora el jugador había adquirido recursos para hacerlo. Estábamos evolucionando de un monólogo del entrenador a un diálogo con (y entre) los jugadores.

Este cambio de "mirada", de cómo afrontar estos espacios previos o posteriores a los partidos y entrenamientos, nos llevó a vivir diálogos, preguntas y reflexiones por parte de los jugadores y del entrenador muy enriquecedoras. Íbamos quitando capas para llegar al origen, a lo esencial, a comprender lo que cada uno hacía.

Con los años, pude ver el resultado de este modo de aprender a través de la interacción y cuestionamiento antes, durante y después del entrenamiento y el partido. Todos los entrenadores trabajaban con esta idea de generar aprendizaje en primera persona en el jugador, de desarrollar un pensamiento crítico-cuestionador. Luego, había entrenadores con más o menos experiencia en ello, pero todos lo intentaban. Y lo que ocurría era que los alevines tenían mayor participación, pero de menos calidad, en cuanto a la reflexión y al cuestionamiento. Todos

levantaban la mano para hablar, como en el colegio, pero nosotros les enseñamos a que se escuchasen y respetasen el espacio de participación de cada uno. Con la categoría infantil daba gusto dialogar, ya habían interiorizado el hábito de participar, prepararse para entrenar, reflexionar después del entrenamiento y todavía no les había llegado ese momento de la adolescencia que parece que se les ha olvidado todo, como en la categoría cadete. La categoría juvenil tenía menos participación, pero de mayor calidad. El jugador respondía a las preguntas del entrenador con profundidad, usando el lenguaje común propio de la metodología de Lezama y, a su vez, hacía preguntas u opinaba sobre el juego o lo que tuvieran que afrontar en aquel momento.

Yo solía participar de estos diálogos en un segundo plano. Escuchaba el proceso del diálogo, el contenido de lo que se hablaba y veía cómo los jugadores iban mejorando en su capacidad de reflexión en primera persona. Los entrenadores me pedían que estuviese en el vestuario con ellos para darles *feedback* sobre sus preguntas, por ejemplo, o sobre el manejo de los silencios. En otras ocasiones, había surgido algún tema sobre las emociones y me pedían que les ayudase a dinamizarlo o que, incluso, interviniese.

A mediados o en el tramo final de la temporada, pedíamos a los jugadores que explicaran un ejercicio. No sabía muy bien qué me iba a encontrar, pero me di cuenta de que el lenguaje que usaba el jugador era el reflejo del lenguaje que usaba el entrenador. El planteamiento común estaba empezado a dar sus frutos.

Con el tiempo, pude comparar las explicaciones de antes de crear una cultura de aprendizaje con las explicaciones posteriores. Tengo guardadas algunas de las respuestas de los jugadores, como estas: “Tres jugadores atacan y dos defienden. Los atacantes tienen que finalizar la jugada en gol. Los atacantes están en superioridad contra los defensas que solo tienen que cortar la jugada”. Esta era la respuesta de jugadores que sus entrenadores se relacionaban con ellos de una manera diferente en las explicaciones de los entrenamientos.

El otro grupo, cuyos entrenadores eran parte de la construcción de estos espacios de aprendizaje, decían: “En este ejercicio es importante mover rápido el balón y no conducir mucho, porque hay poco sitio y sino acabas chocándote. También es importante tener movilidad para buscar espacios libres. En mi caso, por lo menos, es importante orientarse bien. Este ejercicio me parece muy efectivo porque estoy aprendiendo a orientarme mejor aunque todavía tengo que mejorar. En defensa es importante repartirse bien las zonas y para eso hay que comunicarse. La conclusión es que con este ejercicio estoy aprendiendo bastante”.

Los primeros jugadores hablaban de las normas del ejercicio, mientras que en el segundo grupo aparecía la reflexión que el jugador había hecho sobre lo que era importante en el ejercicio. Pero lo que más alegría me produjo fue ver entre líneas que se había cuestionado el por qué y el para qué. Eso implicaba que el jugador internamente se había cuestionado, había pensado e incluso había comprendido. Cuando el jugador dijo “en mi caso”, ya fue un paso decisivo. Habló en primera persona sobre él y lo había relacionado con el ejercicio. Hablaba de lo que estaba aprendiendo él y concluía cómo con el ejercicio estaba aprendiendo bastante. ¡La cultura de aprendizaje!

Fueron años en los que disfruté mucho viendo y escuchando a los jugadores, tanto a los alevines como a los juveniles, hablando en primera persona, haciendo preguntas al entrenador, explicando los ejercicios a sus compañeros, hablando de sus objetivos y dándose *feedback* entre ellos. Tenía una conclusión cada vez más clara: ¡cuánto potencial perdemos del jugador cuando le sometemos al yo te enseño y al haz lo que yo te digo, que soy el entrenador!

La inmediatez de los resultados, la necesidad de control de los entrenadores busca simplificar la complejidad del aprendizaje en las personas y cuando lo simplificamos: las limitamos. Cada vez tenía más claro que la afirmación de Javier García de Andoin de que en el desarrollo de jugadores no había atajos, estaba impregnado en mí y en muchos de los entrenadores.

<table>
<tr><td colspan="6">¿DE QUÉ HABLAN?/¿CUÁL ES EL MENSAJE?</td></tr>
<tr><td colspan="2">Que el futbolista afronte nuevas situaciones.</td><td colspan="2">Queremos que los futbolistas discriminen dificultades.</td><td colspan="2">Queremos ver que son capaces de plasmar un estilo ante rivales potentes.</td></tr>
<tr><td colspan="6">NUESTRAS VALORACIONES TIENEN QUE SER HECHAS DESDE OTRO PRISMA</td></tr>
<tr><td colspan="3">La competición es el medio para demostrar la capacidad de rendimiento de los jugadores.</td><td colspan="3">El propósito, tratar de optimizar al máximo el estilo de nuestros jugadores, que será lo que identifique a nuestros equipos.</td></tr>
</table>

Edorta Murua lo resumía en esta frase: "Al final, se trata de que se identifique tanto a los jugadores, equipos, entrenadores y dirigentes por una manera de afrontar las situaciones, unos valores, un estilo, a través de nuestro rendimiento. Es ahí donde está nuestra identidad".

Duró dos años aproximadamente. Los devenires del primer equipo y el adelanto de las elecciones cerrarían una etapa y abrirían otra muy rupturista en cuanto a la cultura con la que veníamos trabajando. Aún así, el Departamento de Psicología trató de se-

guir desarrollando nuevos y mejores escenarios de aprendizaje.

CAPÍTULO 5

APRENDIZAJE ENTRE ENTRENADORES

MENTORING (2007-2011)

Fueron años de *impasse*, años de reflexión, de echar la mirada atrás y analizar el camino recorrido para seguir dando pasos. El aprendizaje iba a ser el objeto de desarrollo. Todavía en nuestras conversaciones tenía más peso lo técnico (¿por qué no te ofreces?, tienes espacio...) que lo humano (¿qué parte de mí como jugador entra en peligro si me ofrezco?). Necesitábamos evolucionar en la idea y significados de aprendizaje, teníamos que mejorar nuestras intervenciones y conversaciones de aprendizajes conceptuales a aprendizajes vivenciales. El jugador recibía una buena información cuando en las conversaciones con el entrenador reflexionaba sobre sus acciones y generaba conocimiento sobre el juego, pero ¿estábamos llegando a generar comprensión sobre sí mismo en el juego?

En general, en el mundo del deporte desde los discursos se reivindica la formación del deportista, que sean jugadores creativos, que piensen y que decidan, pero ni las estructuras ni los contextos cambian para poder desplegar ese proceso. Nosotros teníamos que dar ese paso.

¿Qué contextos de entrenamiento desarrollan estas necesidades psicológicas del jugador?

Para entenderlo propusimos el ejemplo de estas dos imágenes. ¿Qué vemos en la foto? En la foto en blanco y negro hay algunos trabajadores haciendo una tarea, siempre haciendo la misma tarea. Es un trabajo mecánico, repiten el mismo movimiento continuamente. Ellos no necesitan pensar. La tarea es solo física. Nuestros equipos se comportan muy a menudo de esta manera. La foto en color muestra a los trabajadores moviéndose, hay comunicación entre ellos. Están compartiendo información, es decir, están pensando juntos.

Estoy segura de que ambos casos logran buenos resultados. Pero si miramos alrededor del mundo del fútbol, ¿Qué fábrica se adapta mejor a las demandas de la industria automovilística o del mundo del fútbol? ¿Quién sería más competitivo?

Muchas veces pedimos a los jugadores que tengan compromiso, queremos que sean responsables, queremos que tengan motivación para superar las dificultades. Partiendo de estas dos imágenes, surgen numerosas cuestiones que servirán de reflexión para el trabajo que debemos desarrollar como entrenadores y formadores: ¿qué tipo de jugadores estamos creando en el contexto blanco y negro? ¿Dónde está la responsabilidad aquí? Si en el proceso algo sale mal, probablemente, nadie se sentiría responsable. El problema no es mío.

¿Qué pasa con la autonomía del jugador, con su capacidad para tomar decisiones, para tener iniciativa, para encontrar soluciones a los problemas?

¿Dónde está la creatividad? ¿Dónde está el aprendizaje aquí? ¿Dónde está el desarrollo de la persona que trabaja en esta fábrica? ¿Utilizan sus talentos?

¿En qué fábrica queréis trabajar? ¿Qué quieres para ti y tus jugadores?

¿Qué tipo de liderazgo ves en cada foto? ¿Qué habilidades necesita el líder para crear en el contexto blanco y negro y cuáles en el contexto de color?

Y siempre trasladándolo al fútbol: ¿dónde hay más riesgos? ¿Dónde el líder tiene todo bajo control? Necesitamos entrenadores que tengan suficiente confianza en sí mismos para permitir que los jugadores tomen riesgos. Necesitamos entrenadores que no sientan la necesidad de controlar todo, todo el tiempo.

¿En qué estilos de entrenamiento se desarrolla todo este potencial? El estilo de entrenamiento que desarrolla el talento, potencial, que responde a sus necesidades **tiene que ponerse en activo**, no tiene que ver con los 40 minutos de entrenamiento, no tiene que ver con preparar unos ejercicios y hacerlos, ni con ver videos del rival sino con lo que estamos haciendo para desarrollar al jugador, ¿qué espacios estamos creando?, ¿qué estamos haciendo para tratar al jugador de este modo? **Tiene que ver con cómo el entrenador lo vive y desde dónde lo vive.**

Ni los ejercicios, ni los videos, ni las planificaciones desarrollan ese potencial, **es el tipo de relación entrenador-jugador la que lo posibilita.** El proceso educativo, de desarrollo del talento, tiene poca palabra, hay mucha interacción y lo que hace uno en el proceso educativo es exponerse como persona y desde ahí se crece, es un proceso bidireccional. Por lo tanto, el primer paso para poder educar es ser capaz de mostrarme y de que el otro me vea y de que yo me vea al otro. Cuando siento que necesito al otro para crecer yo, estoy empezando a sentirme entrenador-educador. Y en ese proceso sabemos que el resultado es importante aunque también sabemos que no es lo más importante.

Cualquier objetivo se construye en un proceso, lo que sucede en ese proceso constructivo es lo que nos importa. Nos interesa cómo estamos haciendo ese proceso, cómo lo estamos construyendo. En demasiadas ocasiones ponemos la actitud al servicio del objetivo y lo importante es el viaje que hacen jugador-entrenador. Lo importante son los procesos que no tenemos que sofocar con la urgencia o la inmediatez de los resultados, porque ahí está la posibilidad de transformación y de creación. Porque si el foco es únicamente el resultado, sería prepararnos para entender un pequeño rincón de la vida

En aquel entonces, los mensajes de los entrenadores todavía eran directivos, decían cómo y qué hacer, pocas veces oíamos preguntas o silencios encaminados a dejar pensar. Las charlas prepartido o criterios de rendimiento estaban enfocados desde y para el marcador. El paradigma social de “lo importante son los resultados” está todavía muy anclado en toda nuestra sociedad.

Después de muchos años trabajando en la formación de jugadores, he visto que se dice muy rápido "queremos un jugador que piense". Sin embargo, esto es un proceso de transformación largo y complejo, que exige un liderazgo perseverante. Esto no se logra con una charla del coordinador a principio de la temporada, ni obligando o coaccionando. Si queremos jugadores competitivos es necesario que acabe la separación entre quienes piensan y quienes hacen. El binomio entrenador que piensa lo que hay que hacer y jugador que ejecuta, no nos servía en Lezama desde hacía ya mucho tiempo.

En Lezama necesitábamos evolucionar de un aprendizaje mecanicista (el jugador obedece) a un aprendizaje cognitivo (el jugador piensa). El aprendizaje pasa a ser un valor para nosotros. Se trata de conseguir la participación activa del jugador en su propio aprendizaje. Potenciar aprender como opuesto a enseñar. Por lo tanto, no se trata de que el entrenador llegue y diga qué hay que hacer. El objetivo es que el jugador aprenda a encontrar por sí mismo la solución a los problemas del juego, que se responsabilice de su aprendizaje y que reflexione sobre él.

"La realidad del fútbol nos indica que los jugadores deben estar preparados para afrontar las situaciones que el juego les va a presentar. Un juego que les reclama ritmo, intensidad, velocidad, determinación, pero también control, equilibrio, pausa. En definitiva, reclama comprensión del juego. Para entender el juego es necesario pensar en el juego. Necesitamos jugadores que piensen, que sean **autónomos**, que entiendan el juego y que tomen decisiones por sí mismos", comentaba Edorta Murua.

Teníamos que acabar con la separación entre quienes piensan (entrenadores) y quienes obedecen y ejecutan (jugadores). De ahí, partió el siguiente fundamento, clave para generar estos espacios de aprendizaje.

Quinto fundamento: Información versus conocimiento

La distinción entre información y conocimiento marcó un antes y un después en mi trabajo, y sobre todo en mi mirada.

"El jugador tiene que entender el juego y sus connotaciones", decía Edorta Murua, responsable, por aquel entonces, de desarrollar la comprensión del juego en los jugadores y en los entrenadores. Murua explicaba: "El conocimiento del juego no se aprende de forma escalonada o a trozos, sino desde la globalidad y como resultado de múltiples y diversas vivencias en él". Alcanzar conocimiento del juego y de lo que sea, significa aprender, experimentar, vivenciar y no comprarse un libro o escuchar largas charlas de

los entrenadores en el vestuario, porque todo eso es información.

Aprendí también que el conocimiento no es algo transferible, no se puede dar como si te doy un vaso de leche, que lo tomas y ya está. Como bien lo explica la consultora empresarial Maite Dárceles:

> *"No hay un proceso de transferencia automática de las experiencias valiosas y enriquecedoras, de la sabiduría. En definitiva, es un proceso de búsqueda y experimentación que cada cual ha de recorrer".*[16]

Ahora sí que teníamos un problema. ¡Cuántas veces había oído decir este tipo de frases! "Yo quiero entrenar para transmitir mi conocimiento a los jugadores", "vamos a traer exjugadores como entrenadores para que transmitan su conocimiento, su experiencia al jugador". Todo esto se venía abajo, eso solo iba a ser información y además una información que para otros había sido válida, pero que no tenía por qué servir a nuestros jugadores veinte años después. Por aquella época, también aprendí que los contextos cambian y los modos de intervención también deberían hacerlo.

En mis reflexiones concluía que el conocimiento realmente relevante para nuestra competitividad no es el que podamos escuchar, leer o ver en videos, sino el que podamos desplegar desde el seno del juego. Es decir, el conocimiento que el jugador va

16 Maite Dárceles. Guia para la transformación. Hobest

generando en la acción, jugando. Por ello, nuestras intervenciones necesitaban estar hechas desde la propia realidad que emerge del juego, desde lo que estaba pasando. Se trataba de aprovechar situaciones del juego e intervenir desde ahí, en lugar de llevar al jugador a una sala y hablarle de motivación o de superación de adversidades. Empezaba a surgir no solo el fin del conocimiento del juego sino el conocimiento de mí mismo como jugador. La primera persona volvía a ser implacable si queríamos profundizar en conocer el juego y conocer lo que me pasa a mí, jugador o entrenador, dentro del juego. Y esto tenía que ver con emociones, creencias y expectativas, la mayoría de las veces, que expresaban los jugadores sobre su actuación en el campo: "Veo el espacio, pero no me atrevo a pasar"; "si aprieto para recuperar el balón, me canso y luego no puedo atacar".

El conocimiento surge de la experiencia compartida. Esto es clave. En nuestros diálogos en los vestuarios debemos generar conocimiento y no solo dar charlas prepartido de información. Por lo tanto, la clave estaba en generar contextos de aprendizaje para que se pudiera desplegar el conocimiento del jugador antes o después de su acción. Es decir, de aquello que estaba próximo a su realidad, no a la realidad de otros, como por ejemplo experiencias pasadas de los entrenadores o anécdotas de los ex-

jugadores. Esto es para otros momentos, no para generar conocimiento ni autoconocimiento.

> *"El conocimiento es en cuanto está pegado a la realidad, si se aleja pierde frescura, pierde oportunidad, actualidad; es decir, pierde realidad".*[17]

Una pregunta que nos hacíamos por aquel entonces era: **¿qué aprenden los jugadores: información o conocimiento?**

El desarrollo de un jugador autónomo y responsable no se podía hacer por la vía de la información, lo que convertía en una exigencia inminente un nuevo paso en el rol del entrenador. Dar charlas magistrales en los partidos, correcciones directivas sobre qué y cómo hacer, dar grandes consejos y solucionar los problemas que el juego plantea al jugador... eran ya parte de la historia.

Necesitábamos seguir y afianzarnos en generar nuevos significados como entrenadores, crear entrenamientos participativos, pasar de las charlas al diálogo, antes y durante los partidos; cualquier excusa era buena para reflexionar y compartir. Los mensajes no directivos fueron sustituidos por preguntas (por qué y para qué hacemos las cosas).

El planteamiento estaba claro, pero surgía una nueva pregunta para continuar creando nuestra cultura de aprendizaje: ¿qué herramientas pueden ayu-

---

17 Maite Dárceles. Guia para la transfromación. Hobest

darnos en este proceso de generar contextos para que crezcan jugadores autónomos?

Así, fuimos construyendo nuestros propios **elementos de aprendizaje,** que aparecían en nuestras conversaciones con los jugadores:

- Generar espacios para que el jugador reflexione sobre sus objetivos, sobre sus dificultades y logros en los entrenamientos y partidos. A las 18.45 horas las puertas de los vestuarios estaban cerradas; dentro, los equipos hablaban y reflexionaban sobre aquello que surgía: objetivos, emociones, ejercicios, partidos, el juego y sus principios.
- El autoconocimiento a través de diálogos en el vestuario y conversaciones con (y entre) los jugadores.
- El trabajo con objetivos.
- Preguntas indagadoras que los entrenadores lanzaban a los jugadores en estos espacios. Como decía Javier García de Andoin en uno de los cursos que organizamos con SelfInstitute: "Las preguntas son el motor del aprendizaje, porque ayudan a desarrollar un aprendizaje por interiorización. El jugador está activo en su aprendizaje, a través de la pregunta desafiamos al futbolista a salir de su zona de *confort*". Si buscábamos un **aprendizaje productivo y maduro,** éste queda desarrollado por procesos de internalización más que de obediencia y/o identificación. Lo que significa que formar un **jugador pen-**

sante y responsable vendría dado por preguntas de tipo reflexivo y por la participación del jugador.

- Hablar en primera persona del singular. El objetivo es que el jugador hable de sí mismo, que hable en primera persona del singular, porque tendemos a hablar de nosotros, del equipo y en ese plural la responsabilidad queda difuminada.
- Enseñar al jugador a dar y a pedir *feedback*.
- Desafiar al jugador a que se rete a sí mismo. Conversar con los jugadores para retarles, pero no solo sobre sus acciones sino sobre lo que piensan, porque las creencias son las que mantienen nuestros comportamientos. Si queremos cambiar éstos, necesitamos detectar y desaprender creencias que limitan al jugador en el logro de sus objetivos.
- Este tipo de conversaciones son para mí las que sacan lo mejor de cada jugador, son conversaciones que van de lo general a lo concreto, de lo superficial a lo profundo.

La línea de trabajo era parecida, quizá más informal, no hacían falta tantas reuniones, ya teníamos un marco de referencia y un lenguaje común. Muchos de los entrenadores eran conscientes de su necesidad de aprendizaje: ¿dónde estoy y dónde necesito estar como entrenador?, conducir diálogos en partidos y en su gestión de los entrenamientos, dar y recibir *feedback*. Aún así, necesitamos mejorar nuestras preguntas, nuestros tiempos de intervención y la calidad de nuestras conversaciones para poder llegar a generar realidades donde el jugador piense, aprenda y pueda llegar a ser un experto sobre sí mismo.

Todo se hizo operativo a través de la formación y preparación del psicólogo para ello. Fueron años de mucha preparación por mi parte, de formación en cursos vivenciales (*Transformación en las organizaciones, Pensamiento sistémico, Constelaciones organizacionales, Análisis transpersonal*), pero sobre todo fue clave mi autocuestionamiento. Yo era la que tenía que evolucionar en escuchar, en preguntar, en profundizar en el aprendizaje. Solo de esta forma podía ir modelando las preguntas y la escucha del entrenador cuando observaba sus diálogos en el vestuario. Educar mi mirada, comprender y usar mi intuición, ver lo que los demás no ven, escuchar lo que se dice y lo que no se dice, fueron varios de mis aprendizajes en este proceso.

El planteamiento estaba hecho, pero debía dar un paso más para que tuviera transferencia práctica: **¿cómo se convierte este planteamiento en algo operativo?** Queriendo aprender; por ejemplo, exponiéndome a personas que sabían más que yo. Hay que entender que trabajar con personas me llevaba a mis límites profesionales y que ahí estaba mi oportunidad de ser una profesional más completa.

No siempre esto se puede hacer operativo si no estamos dispuestos a pagar ciertos precios.

Mentoring: Mentor-Mentorizado

En esta etapa se dio un gran paso. Desde hacía tiempo tenía en la cabeza la importancia no solo de que los entrenadores fueran conscientes de su necesidad de aprendizaje y aprendiesen, sino de que aprendieran juntos y de una manera autónoma. Por otro lado, había que dejar este tipo de trabajo en la institución al margen de las personas que en ese momento estábamos en ella. Los grandes avances de estos últimos años fueron el *feedback* entre entrenadores y la **mentorización**.

Probablemente haya muchos libros sobre *mentoring*, pero yo no seguí ni miré ninguno, simplemente apareció esta necesidad. Se incorporaban nuevos entrenadores, que se daban cuenta de que necesitaban ayuda para seguir la filosofía, la metodología y los procesos de aprendizaje que se vivían en Lezama. Así que cuando un entrenador me decía "¿cómo hago esto?" o "no entiendo los ejercicios", primero le sensibilizaba con la necesidad de aprender y el coste personal que esto suponía; se trataba de mostrar al otro que no sé todo y luego le ofrecía la posibilidad de preguntárselo a un entrenador más veterano. Así empecé a crear alianzas entre entrenadores y de

un modo natural iba estableciendo esta relación de aprendizaje entre ellos.

Los entrenadores veteranos fueron magníficos en esto. No se aproximaban desde el enseñar, sino que aplicaban la misma aproximación que tenían con sus jugadores, la de facilitar espacios de aprendizaje a través de preguntas, *feedback* y, sobre todo, comprendiendo que el entrenador nuevo aprendía del veterano, pero éste también aprendía del nuevo.

El *feedback* entre entrenadores fue otro gran paso que surgió en estas relaciones de *mentoring*. Pedir *feedback* al jugador es relativamente cómodo, pero había que dar otro paso, ya que no estamos acostumbrados a pedir *feedback* a los compañeros e incluso, ¿y por qué no?, a los jefes. Con el tiempo, si paseabas por Lezama después de los entrenamientos o partidos era fácil escuchar cómo un entrenador pedía *feedback* a otro sobre su actuación en su entrenamiento o partido. Se trataban de conversaciones en primera persona, no de quejas o excusas sobre el valor o el rendimiento de los jugadores, o cómo el entrenador más joven le pedía al veterano que le "supervisara" su explicación del entrenamiento a los jugadores.

Estos procesos de mentorización supusieron que se fuese generando un aprendizaje en red entre los entrenadores.

En mis conversaciones con los entrenadores, algunos de ellos, los más veteranos, me contaban cómo habían aprendido ellos cuando entraron a trabajar en Lezama. "Venías a la mañana o antes de tu hora de entreno y mirabas qué y cómo hacían otros entrenadores. Aprendías en silencio y soledad". Ahora, aparecía otra manera de crecer y tenía que ver con el aprendizaje del entrenador: aprender a aprender entre entrenadores. A través de la interacción en el día a día, compartiendo vivencias y conocimientos de los entrenamientos y de la competición.

Así, cuando un entrenador me exponía sus dificultades de comprensión de los entrenamientos, por ejemplo, le proponía que las trabajásemos con otro entrenador, normalmente más veterano que él en el proyecto. La clave era construir relaciones de aprendizaje, porque no todas las relaciones crean aprendizaje. En éstas, la primera persona, la pregunta cuestionadora, ver más allá en el otro, comprender su ritmo y momento en su proceso de aprendizaje eran algunos de los elementos que se podían escuchar en estas conversaciones de *mentoring*.

Con el tiempo, este entrenador joven que había sido mentorizado por uno veterano, iba creciendo y acompañaba a nuevos entrenadores, pero a su vez estos nuevos entrenadores traían miradas nuevas, procesos diferentes que creaban interacciones diferentes y eso también hacía crecer a los entrenadores veteranos, como mentores y como entrenadores.

Esto fue dando forma a una red de aprendizaje más que a una relación *one to one*. Cada nodo de la red era un entrenador que tenía ambos momentos: mentorizar y ser mentorizado. Los espacios de aprendizaje como el vestuario, los momentos previos al entrenamiento y al partido, los entrenamientos o los postpartidos ya no eran espacios privados del entrenador con su equipo, sino que pasaban a ser espacios compartidos por los entrenadores. Si observabas un entrenamiento desde fuera, podías ver el entrenador del grupo que estaba entrenando y otro entrenador que estaba mirando desde fuera para aprender o a otro que el primero se lo había pedido para recibir *feedback*. En ocasiones, habían preparado juntos el ejercicio y luego se observaban el uno al otro para compartir esa información.

También podías verlos en el vestuario antes de iniciar el entrenamiento o en el postpartido; siempre había una conversación sobre el partido, pero el contenido ya consistía en quejas del jugador o del equipo, sino contenido sobre el jugador y su proceso de aprendizaje, sobre si el jugador había cumplido sus objetivos, si se veía mejora en él o no y, sobre todo, había reflexión en primera persona, qué dudas había tenido el entrenador, qué había visto o qué no.

Recuerdo un día que estaba escuchando una de estas conversaciones. Los entrenadores estaban discutiendo sobre una decisión y todos tenían sus argumentos; sin embargo, uno de ellos lanzó unas preguntas: "¿Desde dónde has tomado esa decisión? ¿Pensando en tu necesidad o pensando en la necesidad del jugador? El silencio fue maravillosamente generador, la cara del entrenador se transformó, ahí estaba la respuesta: en el cambio de mirada. El entrenador le dio las gracias y le dijo: "Esta pregunta ha sido de gran ayuda para mí".

Poco a poco los entrenadores iban comprendiendo el sentido del aprendizaje en Lezama, un aprendizaje no instrumental, no lleno de informacion, sino un aprendizaje en primera persona, vivencial. Se fue creando autonomía entre ellos, yo ya no tenía que estar facilitando esas conversaciones, ellos ya podían hacerlo solos. Saber retirarme de estos espacios y tomar otro lugar fue otro de los grandes aprendizajes para mí como psicóloga y creo que ha sido uno de los aprendizajes de mayor satisfacción que he tenido.

El *mentoring* ya estaba muy integrado en Lezama. Un día les pedí a dos entrenadores, que habían compartido un proceso de *mentoring* juntos, que me explicasen cómo lo habían vivido.

Pedí al entrenador aprendiz que dibujase su línea de aprendizaje desde que había entrado en Lezama y que escribiera cuáles habían sido los hitos importantes de este proceso.

Cuando vi la línea me eché a reír; me sorprendió aunque ya la conocía, era igual que la mía. El entrenador joven me contó su proceso y su relación con el entrenador mentor: "Cuando entré en Lezama me dije a mí mismo: no me puedo olvidar de lo que soy yo. El inicio fue tomar conciencia de dónde venía, otro club totalmente diferente, y de mi nuevo contexto. Hasta ahí pensaba que mi línea iba a ser hacia arriba, creciendo. Pensaba que si estaba aquí era porque estaba preparado para ello. Sin embargo, cuando empezó mi día a día, conocí al grupo que entreno, los jugadores, otros entrenadores, comienzan los entrenamientos y vi cómo otros entrenaban, cómo llevaban sus ejercicios, el grupo... y empecé a dudar de mí. Me bloqueé, solo leí y dije lo que había

puesto en el papel. Dudé de mi capacidad y me fui jodido a casa. Un día sentí que tocaba fondo".

Ese momento, la sensación de "tocar fondo" coincide con la parte de abajo de la curva dibujada. Es un momento delicado, el entrenador se ha ido despojando de lo que traía, de lo que hasta ahora había estado haciendo y que le había dado sus resultados en otros clubes. Sobre todo, lo que le había dado seguridad. No todos los entrenadores continúan la línea hacia arriba, muchos inconscientemente se vuelven para atrás. Es aquí dónde se ve ese aprendizaje del que estoy hablando. Un aprendizaje que te muestra tus límites, que te invita a meterte en un terreno desconocido, que te muestra tus luces y tus sombras; es decir, es un aprendizaje en el que aprendo sobre mí mismo. No todo el mundo está dispuesto a hacer ese despertar, porque a veces es doloroso, más bien casi siempre.

El joven entrenador me decía: "Aprendí a estar en esta situación. Me daba cuenta de mi inseguridad y de la incomodidad que me aportaba. Empecé a ser consciente de mis sombras y a aceptarlas. Fui dando pasos. Entendí el porqué del proceso, también veía que había otro camino, no todos los entrenadores seguían este, pero yo ya veía lo que quería para mí y qué no. Hay un momento, quizá al final del primer año y al comienzo del segundo que dije: ya está, ya lo he aprendido todo. Sin embargo, aparecían situa-

ciones más complejas. Esta vez las miraba y afrontaba, pero otra vez las dudas. Me frustraban, pero esta vez supe dialogar con ellas de una manera constructiva, sabía que eran mis compañeras de viaje y necesitaba escucharlas, me daba cuenta de que volvía a crecer. Veía cómo me iba construyendo como entrenador. Era un camino que me gustaba, que me exigía, que tenía altibajos. A su vez, busqué gente a la que me podía acercar y expresar mis dudas. Me sorprendió, nadie me juzgaba por mis preguntas o por cómo interpretaba el ejercicio, por ejemplo. Me sentía escuchado. No era una relación de complacencia. No compraban mis excusas. Me hablaban de proceso, pero no lo veía, quería resultados. El mentor me dejaba espacio, yo le buscaba, quería hacerlo como él ya, pero él no me daba soluciones, me devolvía preguntas. Un día me di cuenta de que me estaba soltando, que estaba a otra distancia de mí. Pensé que no estoy preparado todavía para hacer esto solo. Pero tuve una buena racha de resultados y me dije 'esto ya lo tengo dominado'. No faltó mucho para darme el batacazo. Me costaba aceptar que todavía no estaba. Me acuerdo de que el mentor me dijo: 'espabila'.

Por otro lado, me obligaba a exponerme, me daba cuenta de que siempre me escuchaba. Dialogábamos cada vez más y empezaba a ver sus vulnerabilidades como él veía las mías. Un día me pidió que le diera *feedback* sobre su entrenamiento. '¿Cómo le voy a dar *feedback* si no sé nada?', pensé. Pero él insistió y me di cuenta de que él también aprende conmigo. Aquí entendí lo que era una relación de aprendizaje, había horizontalidad, era de persona a persona, cada una con su función, pero ambas sabían que aprendían una de la otra".

Por otro lado, **el entrenador-mentor** también me contaba su experiencia en la relación con ese nuevo entrenador al que estaba mentorizando: "Sabía por lo que estaba pasando; yo también lo había vivido, pero yo lo pasé solo. Venía por las mañanas a ver entrenamientos de entrenadores que llevaban tiempo y conocían bien la filosofía. En las primeras conversaciones que tuve con él ya veía que tenía inquietud. Intenté mostrarme disponible para él y él se acercaba, yo no le buscaba ni le daba todo lo que me pedía; él tomaba la iniciativa. Le escuchaba, no le juzgaba, pero tampoco le compraba lo primero que decía.

Veía que estaba más suelto, más seguro y también veía que estaba teniendo una buena racha de resultados, sabía que él creía que esto ya estaba aprendido y dominado. Veía que se conformaba y que perdía la perspectiva. Así que decidí esperar, 'el rendimiento de sus jugadores le va a poner en su lugar', pensé. Entonces veía que se acercaba buscando mi refuerzo y yo no se lo daba. Pero sí le devolvía una pregunta que le hiciera pensar, sé que le estaba incomodando. Le dejaba espacio, para que me buscase. No se lo hacía todo. A veces, le hubiese dado las soluciones para que no sufriese, pero no lo hice porque confiaba en él. Sabía que iba a dar el gran paso y así fue.

Con el tiempo, yo también le pedía que me diera su *feedback*. Le pedía que viniera a ayudarme en el entrenamiento o en el diálogo con los jugadores en el vestuario, le exponía para que explicase un ejercicio o diese alguna opinión. Sabía que para él era difícil, pero haciendo se aprende. Fuimos encontrando cada uno su lugar y espacio. Sentía que él aprendía de mí, pero que yo también aprendía de él y así se lo hacía saber".

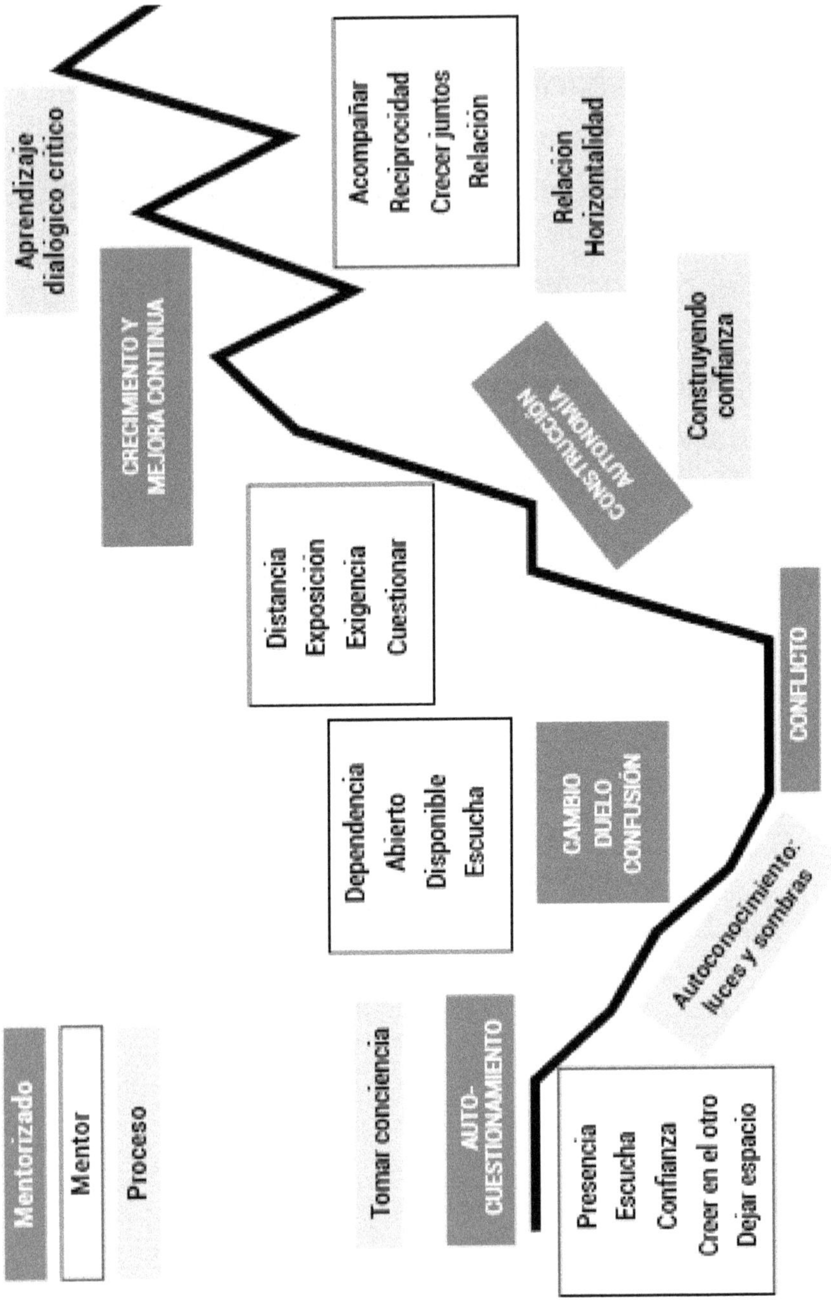

Mentorizado

Mentor

Proceso

Tomar conciencia

AUTO-
CUESTIONAMIENTO

Presencia
Escucha
Confianza
Creer en el otro
Dejar espacio

Autoconocimiento:
luces y sombras

Dependencia
Abierto
Disponible
Escucha

CAMBIO
DUELO
CONFUSIÓN

CONFLICTO

Distancia
Exposición
Exigencia
Cuestionar

CONSTRUCCIÓN
AUTONOMÍA

Construyendo
confianza

CRECIMIENTO Y
MEJORA CONTINUA

Acompañar
Reciprocidad
Crecer juntos
Relación

Relación
Horizontalidad

Aprendizaje
dialógico crítico

Escuchándolo, me daba cuenta de cuánto habíamos aprendido todos. En sus palabras veía la escucha, la confianza en el otro, el estar presente, disponible al otro. Veía la importancia del manejo de las distancias, igual que en el fútbol: si estoy muy cerca, asfixio al otro y no le doy oportunidad de progresar; si me alejo mucho, me desconecto, no me ve. Manejar las distancias en función de las necesidades del juego, como dicen los entrenadores, en este caso sería en función de las necesidades del aprendiz. Ambos construían una verdadera confianza, lejos del amiguismo o proteccionismo, exponerse uno al otro, el cuestionamiento y el moverme en un territorio desconocido fueron importantes cimientos de esa confianza en la relación. Y finalmente, surge esa relación de aprendizaje, que empieza siendo un acompañamiento y acaba siendo un crecer juntos recíprocamente.

CAPÍTULO 6

LA ORGANIZACIÓN

LA PARTICIPACIÓN Y VISIÓN COMPARTIDA (2011- SEPTIEMBRE DEL 2013)

Después de todos estos años, seguimos cuestionando lo que hacíamos y cómo lo hacíamos con el ánimo de profundizar, comprender y optimizar el crecimiento de los jugadores. Todavía teníamos que mejorar muchos aspectos como el uso de preguntas o detectar las creencias que limitan el rendimiento de los jugadores, por ejemplo, o mejorar en la transmisión de los mensajes tanto a nivel verbal como corporal, aunque el gran reto está en el lenguaje emocional. Una pregunta que estamos trabajando entre los entrenadores es desde dónde decimos las cosas, desde qué emoción hablo o actúo.

Sin embargo, en esta etapa el foco de la intervención estaba evolucionando a mi entender, porque ya no solo se trataba de comprender el juego, sino de

comprenderme a mí como jugador o como entrenador dentro del juego. ¿Qué me pasa como jugador ante la opción de jugar por dentro o cuando salgo de mi posición? ¿Cómo lo vivo? Eso me lleva a profundizar en las emociones, en mis emociones como entrenador. Fueron temas que cada vez aparecían más en las reuniones y, como consecuencia, también cambió el foco de las conversaciones de los entrenadores con los jugadores; se pasaba de hablar de lo técnico ("No hay espacio") a lo emocional ("¿Qué siento cuando no hay espacio y eso qué consecuencias tiene en mi decisión en el juego?").

Además, el propio fútbol y el proceso de formación nos hacía plantearnos nuevas preguntas:

- ¿Cómo afrontamos la complejidad cada vez mayor de la formación del jugador?
- ¿Podemos enseñar a ser un futbolista de futuro si desconocemos el futuro?
- ¿Cómo los técnicos convivimos y gestionamos la incertidumbre?
- ¿Cómo despertamos a los jugadores de su letargo expresado en frases como "el míster no me da confianza" o "el míster dice"?

En 2011, José Mari Amorrortu volvió a ser director de Lezama. Su propuesta se focalizaba en lograr una cohesión más profunda en torno al proyecto de la organización. Ello implicaba la participación de todos en esta coherencia en la filosofía, desde los alevines al segundo equipo, como así también el trabajo en equipo para hacer llegar esta filosofía a todos los rincones de la organización.

En el Athletic no podemos dejar de caminar. El siguiente paso era un gran reto que, bajo el lema todos somos parte de Lezama y todos somos Lezama, consistía en afianzar la participación de todos en la actualización y evolución del proyecto, de modo que sea algo sostenible en el tiempo.

Esta nueva mirada organizacional colectiva había que incorporarla en la cultura de trabajo del día

a día y se intentó desarrollar a través de proyectos compartidos.

Trabajar con proyectos significa que un grupo de personas se junten para reflexionar y profundizar en un tema. Finalmente, esas reflexiones se traducen en una o dos actividades que tienen que ser llevadas a cabo.

Hicimos dos jornadas de reflexión, fuera de nuestro entorno habitual de trabajo. Estábamos unas cincuenta personas, utilizamos un análisis DAFO y de ahí salieron varios proyectos:

- proyecto de identidad y pertenencia.
- proyecto de comunicación.
- proyecto de aprendizaje.
- proyecto de liderazgo.

Estos proyectos representaban, a su vez, las necesidades de mejora que tenían todos los profesionales de Lezama. Se hicieron grupos de trabajo, cada grupo se encargaba de un proyecto y de organizar las distintas actividades para llevarlos a cabo.

Se hicieron varias visitas a otras organizaciones. Estuvimos en una empresa donde prevalece su gestión del liderazgo. También nos trasladamos a la Universidad de Mondragón, que destaca por un aprendizaje basado en el modelo educativo finlandés.

Los entrenadores que hicieron la visita tuvieron que exponerla al resto de las personas. Cada uno eligió el modo de hacerlo, siempre intentando promover la participación y el aprendizaje. Se organizaron talleres, presentaciones y otro tipo de actividades. El fin era concienciarnos de generar conocimiento y que éste surgiera de la experiencia compartida.

Internamente el proyecto de aprendizaje organizaba encuentros, dando la posibilidad a que alguien de la organización contara su experiencia de aprendizaje o de otros temas relacionados con ello.

Se mejoró la gestión del tema académico de los jugadores. Se hizo una actualización de los estudios de los futbolistas, dónde estudiaban, problemáticas o necesidades que tenían. Conectamos con los colegios con la idea de estar más cerca de ellos, conocerlos y que nos conocieran. Atendimos a casos de jugadores con problemas de estudios e incluimos la lectura en nuestro día a día. Los futbolistas alevines e infantiles tenían un taller de lectura al mes.

El fin era concienciarnos de que una filosofía como la nuestra, cuyo fundamento es educar, es una tarea colectiva que implica generar conocimiento sobre uno mismo y sobre el contexto que nos estaba tocando vivir como organización. Las experiencias compartidas seguían contribuyendo a ello.

Sin embargo, esto no tuvo todos los frutos deseados en un principio. Quizás no estábamos preparados como organización para un cambio tan ambicioso. Aunque durante estos años, los grupos de trabajo se reunían de una manera autónoma y

desarrollaban los objetivos del proyecto, finalizando con una reunión plenaria donde se compartían sus resultados. Me di cuenta de que una cosa era hacer un proyecto y otra diferente y mayor era cambiar la cultura de una organización. Y esto no se puede hacer solo aplicando técnicas. En este cometido nos quedaba mucho camino por recorrer.

Esta experiencia vivida a través de los proyectos me llevaba a reflexiones iniciales que deberían estar como punto de partida en todo proceso de cambio. Desde mi experiencia, el modelo tradicional de educación y gestión ha caído. Estos caminos más jerárquicos (donde uno piensa y los demás ejecutan, donde se escucha poco) ya sabemos a qué tipo de jugadores nos lleva, pero para muchos es y ha sido su modo de trabajar. Cambiar el concepto de trabajo, de entrenar, de ver el desarrollo del jugador, supone echar abajo muchas creencias y sobre todo supone salir de nuestra zona de *confort*. No todo el mundo está dispuesto a hacer este viaje.

No hablo de metodologías, perfiles de jugadores, estructuras, planificaciones y rutas preestablecidas, me refiero a una manera de ver la formación de la persona dentro del fútbol que le permita desarrollar todo su potencial y adquirir la madurez necesaria en términos de autonomía y responsabilidad para afrontar el devenir del juego.

Este cambio no se puede obligar, tiene que salir del deseo de cada uno. El deseo es una visión apasionante del futuro. Esto genera insatisfacción con el presente e impulsa a conseguir propósitos más desafiantes y deseables. Pero siempre, ese cambio ha de ser de dentro hacia afuera.

Es un proceso de trabajo largo, complejo y con idas y venidas pero, como en casi todos los ámbitos, son las personas las que lo han hecho posible o imposible.

CAPÍTULO 7

LUCES Y SOMBRAS EN LOS PROCESOS DE APRENDIZAJE

(TEMPORADA 2012-13)

A lo largo de todos estos años, había claridad en el **qué** se quería hacer. Cuestionarnos qué necesita el jugador, qué aparece en los procesos de formación del jugador o qué falta en ellos, nos dio el **cómo** llevarlo a cabo y, sobre todo, la necesidad imperiosa de cuidar y educar a quien despliega esos "qué" y esos "cómo" y ponerlos al servicio de **quién** los recibe.

Por aquel entonces, teníamos unas bases de actuación con un objetivo marcado y claro, pero había que seguir reflexionando: ¿qué orientaciones y directrices están sustentando y fundamentando esta nueva reflexión?

- Lezama no puede ser el cajón de sastre de todo el mundo. Como toda escuela, debe tener un plan educativo que no está en función de las ofertas for-

mativas de fuera. Sus ofertas formativas están en función del modelo educativo y la filosofía de aprendizaje de dicha escuela, en este caso de la escuela de Lezama. Las herramientas que utilicemos tienen que ser las oportunas para ello.

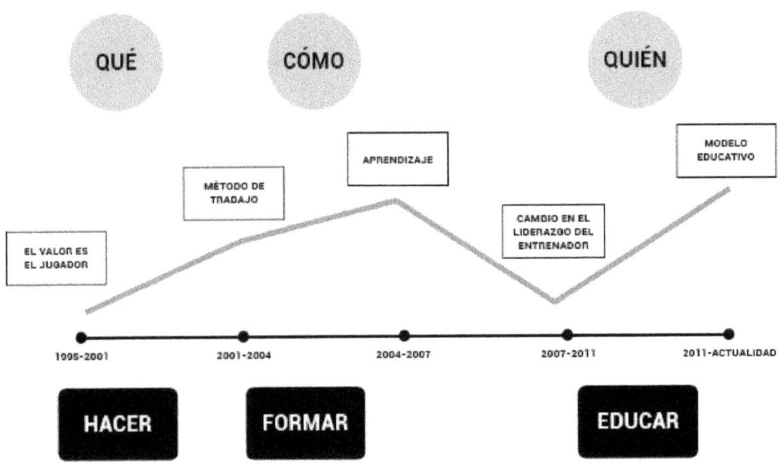

- La educación es praxis, lo demás es demagogia. El tipo de acciones que ponemos en juego en nuestras interacciones, no tienen solo que ver con la competencia técnica sino también con la competencia personal. Por tanto, los entrenadores de Lezama desarrollan acciones con sus jugadores que afectan tanto al ámbito profesional como al personal.
- Los resultados del proceso de aprendizaje no pueden solo valorarse desde la mirada de los resultados (competición), porque estos son producto de

algo externo e instrumental, sino que deben analizarse también, y de forma prioritaria, desde los procesos, pues es en ellos en donde se van dando las dificultades que habrá que trabajar en el aquí y ahora para que el resultado sea satisfactorio para todos.

• Trabajar con una perspectiva educativa en el deporte de alta competición no altera el producto, ni de eficacia ni de resultado, lo que altera es el producto de ser más persona o ser menos persona.

• Nuestra experiencia es que los jugadores que han crecido en estos contextos van muchos más allá, bien por creatividad, por construcción o por sentirse persona; desde otras perspectivas, hemos visto que se caen a las primeras de cambio.

Fundamentos

Hablamos de un entrenamiento integrado y de una formación integral. ¿Qué queríamos decir con esto?

• El entrenamiento psicológico y el aprendizaje deben tener un lugar y tiempo en entrenamientos y partidos, porque son parte de los mismos.

• Estamos formando jugadores y quien sustenta a ese futbolista es su persona. No desarrollar a la persona que hay dentro de este jugador es limitarlo.

• Trabajamos la inteligencia táctica y la inteligencia cognitiva. Nos falta integrar mejor la inteligencia

emocional y tenemos que mejorar mucho la inteligencia (talento) colectiva tanto en jugadores como en entrenadores.

- Los marcos teóricos en los que se fundamenta el área de psicología y aprendizaje son, entre otros, la pedagogía crítica y las psicologías humanistas, que entre otras ideas parten de la necesidad de la participación del jugador en su aprendizaje, que sea un sujeto activo y responsable de dicho proceso para conseguir un aprendizaje tanto vital como sostenible, junto a un desarrollo de la persona del jugador.

Luces y sombras

Desde el primer día que entré a trabajar en Lezama, mi cuestionamiento de la presencia del psicólogo, de mi aproximación y comprensión de lo que allí acontecía ha estado presente. Pasados unos años, esta autorreflexión generaba más fuerza y presencia. En aquel entonces, había una serie de hechos y situaciones que invadían mi mirada, que secuestraban mis preguntas; en definitiva, había temas que por supuesto habían crecido pero estaban cayendo en la instrumentalización, en lo funcional, olvidándose de su ética, al servicio de quien están y de su estética, la intencionalidad con la que nos aproximamos al jugador y todo esto me preocupaba bastante. Estas eran algunas de mis observaciones:

• No tengo claro que **seamos conscientes**, que estemos despiertos en nuestro proceso de aprendizaje.

• ¿Comprendemos realmente **qué es aprender?**

• Necesitamos crear más **espacios de aprendizaje colectivo**, formales e informales.

• Estamos parados en **procesos de autoconocimiento** con los entrenadores. Lo percibo en las conversaciones, ¿De qué hablamos cuando lo hacemos en primera persona singular? Si nos fijamos, muchas conversaciones en primera persona están dentro de un bucle, son un patrón que se repite. ¿Qué partes de mí se repiten en mis conversaciones?

• Liderazgo en primera persona (dejar de ser víctimas de las circunstancias y participar activamente en la creación de nuevas circunstancias).

• Aprender en primera persona (¿cómo soy YO como entrenador, como *aprendiz*?).

• El lenguaje de las emociones nos cuesta manejarlo unos por exceso u otros por defecto.

• **Percibo un estancamiento en los procesos-llave:** Estos procesos-llave, a veces, los utilizamos en función de nuestras necesidades y no de las necesidades del jugador.

»Las preguntas son claves en el proceso de aprendizaje. No puedo preguntar aquello que no sé responder. Necesitamos mejorar en la formulación de preguntas.

»En ocasiones, nuestras necesidades (limitaciones) como entrenadores las escondemos tras dichas herramientas.

»Estos procesos-llave no son sustitutivos de nuestras habilidades como entrenador, tenemos que seguir profundizando en nosotros como entrenadores; si no, se convertirán en herramientas de usar y tirar. Y si no hay un proceso de autoconocimiento y trabajo personal del entrenador, estas herramientas no se pueden comprender. Es a través de la experiencia en uno mismo cuando las comprendemos.

Yo sentía que había que dar un paso. En todos estos años era muy consciente de que no habíamos traído ningún profesional externo a Lezama que nos ayudara a ampliar y profundizar en nuestra mirada. Eran años donde el *coaching* estaba muy de moda y venían *coaches* a Lezama a presentar proyectos, todos ellos muy respetables pero lejos de poder responder al nivel de reflexión que en esos años habíamos alcanzado, tanto entre los jugadores como entre los entrenadores. Por supuesto, me formé en *coaching* por una de las pocas escuelas homologadas que hay en España. Era tal la avalancha de proyectos y ofertas que teníamos, que decidí formarme y, de esta forma, saber bien lo que era el *coaching* y tener el conocimiento para responder a estas personas y ofertas lo mejor posible.

Un día me llamaron para participar en unas jornadas sobre Coaching y Deporte que organizaba la Asociación de Empresarios en Bilbao. Allí conocí a Marcos Mansur, quien se acercó a mí tras terminar el evento y me dijo: "Has dicho que la escucha ha sido tu mejor escuela para tu aprendizaje, has hablado de escuchar". Entonces, me di cuenta de que Marcos me hablaba de una escucha que ni yo era consciente, una escucha que iba más allá de la escucha activa que aparece en los manuales del *coaching*.

Aquel día fue un antes y un después en mi carrera profesional, Marcos me invitó a Self-Institute, un lugar donde ya el hecho de entrar transmitía algo distinto. Allí conocí a Javier García de Andoin, al que agradezco y agradeceré todo lo que ha compartido conmigo. Trabajar con Javier fue dar un paso de gigante, me llevó a un despertar en cuanto a mí y a mi conocimiento. Compartí muchas horas con Javier y Marcos, teníamos encuentros de reflexión sobre grandes temas, colaboré con ellos en sus diálogos sobre aprendizaje vital, intuición... Mi **mirada** había dado un vuelco de 180 grados. Pensé que estas personas sí que nos podrían ayudar a crecer en Lezama, eran diferentes a todo el *business* de formación que existe en torno a los clubes de fútbol. Hablé con José Mari Amorrortu para que los conociera y me diera el visto bueno para hacer un encuentro con ellos y con los entrenadores.

Junto con Self-Institute y Pilar Ruiz de Gauna[18] organizamos dos cursos. El primero lo titulamos *El aprendizaje en el contexto entrenador–jugador desde una perspectiva educativa.* El planteamiento de este taller partía de dos claves significativas: una hacía referencia al **objeto de estudio** sobre el que íbamos a indagar la interacción jugador-entrenador en claves de aprendizaje y otra hacía referencia al **método**, la reflexión sobre la acción que se desarrolla en un contexto de diálogo. Este método se caracteriza por compartir con los otros la experiencia personal, impregnada de conocimientos, creencias, prejuicios, teorías, valores... Es en este intercambio en el que contrastamos y cuestionamos nuestras propias creencias y las de los otros. Es en este acto de interacción en el que las personas podemos adquirir nuevos entendimientos que nos permiten comprendernos en el mundo y proyectarnos a las acciones desde estos nuevos entendimientos y, por tanto, de distinta forma.

Este proceso de construcción de nuevos entendimientos para afrontar las acciones va a requerir de un proceso reflexivo. Para iniciar este camino nos planteamos indagar conjuntamente sobre los siguientes interrogantes:

18 Pilar Ruiz de Gauna. Doctora en pedagogía por la Universidad del País Vasco.

- ¿Qué se está entendiendo en Lezama por contexto educativo? ¿Qué aprendizajes se están desarrollando?
- ¿Qué elementos están presentes en la interacción jugador-entrenador?
- ¿Cuáles son las luces y sombras en el aprendizaje que realizamos en Lezama?

Investigando nuestro contexto educativo

La primera cuestión que surgió fue preguntarnos si **nos sentíamos agentes educativos o no**. Posiblemente, no todas las personas que conformaban el grupo podían dar la misma respuesta a este interrogante. Como decía Pilar Ruiz de Gauna, unos pensarán que son agentes educativos e intentarán trabajar desde ahí; otros creerán que una escuela de alto rendimiento tiene que preparar a sus jugadores desde la técnica y dejar de lado "eso otro", porque no hay tiempo para todo; y otros pensarán que la educación es cosa de la familia y que el futbolista tiene que venir con ella de casa.

Quizás, esta forma de expresar y de vivir esta vivencia haya sido construida desde la individualidad y sea necesario pensar globalmente como institución para poder actuar localmente como entrenador. Desde esta premisa, entrábamos en una segunda

cuestión que se refería a la institución: ¿qué proyecto formativo tiene la escuela de Lezama? ¿Qué quiere la institución que aprendan los jugadores? ¿Qué proyecto común tiene? ¿Es algo implícito? ¿Es algo explícito con lo que se dialoga y se establecen las acciones de mejora?

Si queríamos trabajar en la línea de repensar este marco institucional se hacía necesario detenernos y reflexionar acerca de lo que aprenden nuestros jugadores y de las acciones que realizábamos junto con ellos para desarrollar este proyecto. Seguramente, si revisábamos el tipo de acciones que poníamos en juego en nuestras interacciones, observaríamos que muchas de ellas no tienen solo que ver con la competencia técnica sino también con la competencia personal. Por tanto, cerrábamos este punto señalando que los entrenadores de Lezama desarrollaban acciones con sus jugadores que afectaban tanto al ámbito profesional como personal y seguimos dejando abierta la pregunta inicial si nos hemos de considerar agentes educativos. Cada uno tendría que ir generando conocimiento sobre ello a lo largo del taller, aunque sabíamos que esto no es algo que podía dejarse al albur de cada uno, ya que requería de una mayor comprensión del contexto en el que nos encontramos y de una respuesta colectiva e institucional.

Para generar esta comprensión del contexto fue necesario preguntarnos si los espacios de interacción, que se daban entre jugador-entrenador en el campo y vestuario, se caracterizaban por ser **contextos educativos.** Estos contextos son potencialmente espacios de interacción (acción entre personas), creados intencionalmente para que el entrenador/ agente educativo y el jugador adquieran una serie de aprendizajes (profesionales y personales) y tomen conciencia de su situación ante el mundo y de la dirección que ha de tomar su acción. Este contexto se caracteriza por ser un espacio en el que está presente la acción comunicativa o el diálogo y en él se han de preservar determinadas situaciones: que todos seamos tratados como personas, con dignidad y respeto; que podamos compartir nuestras experiencias en igualdad de condiciones, aunque estemos ocupando distintos roles; y que podamos expresarnos libremente, desde el respeto y sin miedo a las represalias.

En este contexto de interacción es en el que teníamos que situar **el proceso de aprendizaje** y es en el que nos necesitábamos cuestionar cómo nos estábamos situando en él como entrenadores. Esta pregunta tendría que incluir también la siguiente: ¿cómo se sitúan en este proceso los jugadores?

Pensar en contextos educativos en los que el foco es el aprendizaje, significa cambiar los procesos pro-

pios en los que nos hemos socializado y que tienen que ver más con el paradigma enseñanza-aprendizaje, donde el que sabe se sitúa de forma jerárquica frente al que no sabe, entendiendo a la persona como un depósito que hay que llenar para poder reproducir aquello que le transmitimos. Sin embargo, centrarnos en **el aprendizaje y en las personas que aprenden** lleva a situar al entrenador-jugador a una relación de horizontalidad, de persona-persona. En esta interacción la pregunta del entrenador no es ¿qué tengo que enseñar y cómo lo voy a hacer?, sino ¿qué tiene que aprender el jugador?, ¿cómo lo va a aprender? y ¿cómo me va a mostrar que lo ha aprendido? En este marco es cuando el entrenador y el jugador se hacen coresponsables del proceso formativo, tomando el jugador su protagonismo en él.

Si centrábamos el aprendizaje en el jugador, nuestro siguiente paso ha de ser preguntarnos por los aprendizajes que hemos de desarrollar para conseguir jugadores autónomos y con madurez para afrontar la vida del fútbol de alto rendimiento. Nosotros destacábamos como posibles competencias significativas del jugador las siguientes:

- que tenga un conocimiento técnico construido desde un pensamiento crítico.
- que trabaje en la búsqueda de soluciones ante las situaciones que se le presentan.

• que maneje la incertidumbre y brinde respuestas creativas.

• que tome decisiones y valore las consecuencias de sus acciones.

• que esté motivado para seguir aprendiendo y desarrollándose personal y profesionalmente.

Si estas han de ser las competencias que los entrenadores tienen que desarrollar en los jugadores, llegan nuevas reflexiones: ¿qué tipo de estrategias teníamos que desarrollar para llegar a estos aprendizajes? ¿Cómo habían de ser los contextos de aprendizaje? ¿Dónde fomentábamos todo esto? Estas fueron algunas de las cuestiones que se planteó el grupo en aquel inolvidable taller. Además, en este taller y en el siguiente, introdujimos, gracias a Javier Garcia de Andoin, el cuerpo en el contexto de aprendizaje; es decir, la inteligencia corporal. Algo que siempre tuve en mente, pero que no llegué a desarrollarlo en Lezama.

Recuerdo que comenzamos la sesión poniendo la atención en la importancia que tiene la toma de conciencia de nuestro cuerpo como un elemento más de comunicación. En este sentido, se habló de la inteligencia corporal y del cuerpo como elemento de interacción con nuestros jugadores.

Todas las sesiones las empezábamos con ejercicios que ayudaban a desplegar el conocimiento que el cuerpo tiene y que casi siempre no somos cons-

cientes de ello. Tras realizarlo, nos manteníamos en silencio como forma de disposición para el aprendizaje colectivo. Diferenciábamos entre estar en silencio y estar callado. El silencio es una posición consciente, activa. Después, se invitaba a los entrenadores del grupo a que expresaran aquello de lo que se habían dado cuenta mientras realizaban el ejercicio. La pregunta que nos hacíamos era: ¿está nuestro cuerpo en una posición de escucha cuando interactuamos con los otros? A su vez, experimentamos el efecto reparador que supone trabajar con el cuerpo. "El cuerpo es nuestro gran olvidado", recuerdo que nos dijo Javier García de Andoin.

Concluíamos el curso con muchas preguntas, como es propio de los cursos que compartí con Self-Institute. Por ejemplo, ¿cómo me doy cuenta de que he aprendido? ¿Cómo llevo a la acción lo que aprendo? ¿Por qué hoy, aquí y ahora es importante que hablemos del aprendizaje?

Surgieron dos modelos de aprendizaje que llevan dos caminos y que nos llevan a sitios diferentes:

1. El camino del aprendizaje que mira hacia afuera, a lo externo, que mira a la norma, a aplicar técnicas, modelos, a lo que voy poniendo fuera de mí; o aquel del que me construye desde fuera con los valores que hay fuera. El movimiento de este aprendizaje es de fuera hacia dentro. Tiene que haber normas, pero ¿al servicio de qué están esas normas?

¿Qué función cumplen? ¿De qué manera estamos evaluando su eficacia?

2. El camino del aprendizaje que mira de dentro hacia fuera. Algo dentro de mí me inquieta, cuestiona o necesita ser comprendido. Es un aprendizaje que genera comprensión, es el aprendizaje en el que la acción parte de uno para salir afuera a través del diálogo, la interacción, la pregunta, el *feedback*; y desde fuera vuelve hacia dentro de uno, generando comprensión y conocimiento en primera persona para poder aplicarlo en las siguientes acciones que se nos presenten.

"¿Estoy en sacar a la persona del aprendizaje o estoy en comprender desde y para el aprendizaje?", nos preguntaba Pilar Ruiz de Gauna. Entonces, ¿de qué estamos hablando cuando hablamos de aprendizaje? **¿Aprendizaje para el adiestramiento o el aprendizaje para la educación?** ¿Estoy adiestrando o estoy educando? ¿Dónde me sitúo yo en uno y en otro?

¿Qué significa aprender para el adiestramiento? **Instrumentalizar** a otro para conseguir algo y entonces lo que estoy haciendo en mí es también instrumentalizarme. Hacer lo que yo te diga, utilizar a la persona para un beneficio de otro, lo que estás construyendo no es para él, es para beneficio de otros.

Javier García de Andoin continuaba: "Este lugar de aprender es un lugar vulnerable, educar es colocar-

se siempre en un lugar de extrema fragilidad. Frente a eso aparecen las fórmulas que no son educativas (los *leitmotivs*, la psicología positiva, el *coaching* mal usado, las ideas de segunda mano, las ideas de pancarta), pero eso no transforma nada, no crea nada y entorpece mucho. Frente a ello está el diálogo, el pensamiento crítico, la reflexión personal, la interacción con el otro, el respeto, la escucha. En una organización hay que saber qué responsabilidad y lugar tenemos y, si no se ve, tiene que empezar a educarse. ¿Se puede desde ese lugar frágil y vulnerable comprometerse al 100%? ¿Hay un suelo de seguridad? ¿Puede haber un anclaje que nos otorgue la certeza de que ese compromiso no esté siempre sometido a una duda permanente? Esto es ¿dónde estamos poniendo el foco? ¿Con qué nos estamos comprometiendo? ¿Qué significa esto para cada uno?

La educación no puede ser secundaria. Tenemos que aprender a mirar eso. La creatividad es otra cosa, el talento es otra cosa, es una cualidad innata y solo florece en espacios que humanizan, en espacios que están construidos desde la humanización. Educar es humanizar".

En aquel curso aprendimos algo que nos abrió la mirada a todos: la educación es un proceso de humanización, el problema llega cuando deja de serlo. Y ¿qué significa eso? La disyuntiva está en que nos ponemos en la deshumanización: si yo no estoy humanizando, lo que estoy haciendo es deshumanizar. Esto no se nos olvidaría jamás.

El segundo curso lo centramos en reflexionar sobre el liderazgo y los equipos; aquí nos acompañó, además de Javier García de Andoin y Marcos Mansur, Iñigo Echevarría, un hombre cuestionador, pragmático y lleno de humanidad procedente como profesional del mundo de la banca. Ellos nos llevaron a dar un paso en la comprensión de estos grandes conceptos y, otra vez, ampliando y profundizando nuestra mirada.

En el curso anterior habíamos reflexionado sobre cómo establecer procesos educativos en la relación entrenador-jugador. Generamos conocimiento acerca de lo que es la educación y de lo que es la instrucción. Definimos la educación como un proceso de humanización y comprendimos que para ello se necesita establecer interacción entre las personas, siempre de persona a persona y no de persona a objeto. Este segundo curso incidió en que la acción educativa siempre ha de estar liderada por una persona; es decir, es importante reconocerme en cómo estoy desarrollando ese liderazgo, desde dónde, o qué es lo que me impide ejercer ese liderazgo. El liderazgo emerge de uno mismo desde la pasión, la convicción de mis ideas y mis acciones. Todo esto con dosis de autenticidad; confianza en mí y en el otro; y gestionando mis emociones y los conflictos que surgen de

la complejidad de las relaciones humanas. En este proceso hay que reconocer también el valor del otro.

Vimos también que en este liderazgo hay sombras: unas están en nosotros mismos (el miedo, la desconfianza, la falta de convicción o de visión, la falta de compromiso) y otras veces están fuera de nosotros (la falta de reconocimiento de la institución, los conflictos de poder institucional).

Una posible conclusión a la que llegamos fue: un líder que tiene pasión transmite la pasión, un líder que tiene amor transmite amor, un líder frustrado transmite frustración.

Ambos cursos nos ayudaron a comprender más, a profundizar en nuestra acción diaria, nos dieron autoconocimiento y reforzaron el compromiso con nuestra razón de ser en Lezama. Para mí fue algo inolvidable.

De ellos, surgieron esbozos de reflexiones necesarias a la hora de desarrollar un proyecto educativo en un club de fútbol con una filosofía centrada en desarrollar jugadores.

La educación como eje del proyecto (boceto) 2013-14

Educar abarca toda la estrategia global de acompañamiento al jugador en su formación. Haciéndolo desde una perspectiva educativa que aporte ejes de crecimiento personal basado en una idea holística de la persona, en la que el crecimiento personal y deportivo son facetas indivisibles de un mismo desarrollo.

La **responsabilidad, autonomía y aprendizaje** son valores que se potencian en este proceso a través del aprendizaje crítico dialéctico, que podemos fundamentarlo en la reflexión sobre la acción.

La matriz de nuestro modelo está orientada al **desarrollo profesional de los técnicos**, como condición *sine qua non* para la formación de jugadores conscientes y maduros, aspectos claves de un jugador competitivo.

Nuestra razón de ser es la formación del jugador con toda su complejidad y dinamismo, enmarcada en una cultura de aprendizaje participativa y autocrítica, orientada al rendimiento con actitud ganadora.

De esta manera, fuimos desgranando algunas claves del modelo de aprendizaje que fue creciendo en Lezama y que podemos estructurar de la siguiente manera.

I. Fundamentos:

1. Educar y aprender.

Nos sentimos educadores en la medida que consideramos educar como el proceso donde se desarrolla el potencial de las personas.

Educar es una tarea colectiva. El colectivo de Lezama tiene claro que el jugador es nuestro valor y que dicho valor tiene que **ponerse en activo.** Es decir, este valor tiene que aparecer en lo **que estamos haciendo para desarrollar al jugador y en los espacios que estamos creando.** Somos conscientes de que aparecen situaciones donde dejamos a un lado el entrenamiento porque estamos distinguiendo que lo importante es la persona.

En nuestra reflexión sobre qué es aprender, concluimos que **aprender** no es solo cómo meter gol, sino que tiene que ver con:

- **comprender,** dar significado a lo que hago y **comprenderme** (a mí como jugador o entrenador), ¿cómo me siento? y ¿cómo lo estoy viviendo?
- construirnos desde el **compromiso y la responsabilidad** en mejorar lo que hacemos. Transformarse a uno mismo para llegar a ser el mejor profesional que podemos llegar a ser y transformar el contexto donde estamos para que sea un espacio de aprendizaje y desarrollo continuo.

2. El entrenamiento y la competición son contextos educativos.

1. Consideramos que el entrenamiento y la competición son contextos educativos, donde el centro es el aprendizaje y las personas que aprenden.

2. Como persona que aprende, destacamos las siguientes **competencias significativas del jugador:**

- que tenga un conocimiento técnico construido desde un pensamiento crítico.
- que trabaje en la búsqueda de soluciones ante las situaciones que se le presentan.
- que maneje la incertidumbre y brinde respuestas creativas.
- que tome decisiones y valore las consecuencias de sus acciones.
- que esté motivado para seguir aprendiendo y desarrollándose personal y profesionalmente.

3. **Los espacios de interacción que se dan entre jugador-entrenador** en Lezama (campo, vestuario, etc) son el eje de este modelo y se caracterizan por ser **contextos educativos.** En este espacio de interacción tiene que estar presente:

- relación de horizontalidad, de persona-persona (sujeto-sujeto).
- La acción comunicativa o el diálogo como herramienta de autoconocimiento y desarrollo del talento colectivo.

• El Aprendizaje, **que parte de** la necesidad de la **participación activa y despierta del jugador** en su aprendizaje; viendo la importancia para ello de la interacción entrenador-jugador. Así, la pregunta para el entrenador no es ¿qué tengo que enseñar y cómo lo voy a hacer?, sino ¿qué tiene que aprender el jugador?, ¿cómo lo va a aprender y cómo me va a mostrar que lo ha aprendido? Y un último eslabón es saber **dónde el jugador puede desarrollar su capacidad creativa** para intervenir y comprender los retos de su vida personal y deportiva.

4. Es en este marco en el que entrenador-jugador se hacen **corresponsables del proceso formativo**, tomando el jugador su protagonismo en él.

3. El entrenador es educador

Nuestro modelo educativo **integra el desarrollo profesional de los entrenadores** para que reconozcan e integren competencias claves en su labor y, desde ahí, actúen como una fuerza creativa en los entrenamientos y la competición.

Aunque en la acción diaria había herramientas que fomentaban el aprendizaje, la cuestión es que estas por sí solas no bastan para resolver el reto del aprendizaje. Como cualquier instrumento, estas herramientas necesitan un usuario consciente, capaz de aplicarlas de manera efectiva y que puedan

ajustarse a la situación particular y concreta que enfrenta.

En Lezama consideramos que nuestras competencias como entrenadores están sostenidas en el **autoconocimiento, en la eficacia de las interacciones y en la madurez de nuestras acciones.**

4. El preparador físico es un agente educador

Los preparadores físicos, miembros del grupo de técnicos, deben ser conscientes de su acción educadora. Tienen una labor de formación en el jugador para que sean conscientes de la necesidad del entrenamiento para estar aptos para afrontar las demandas de entrenamientos y partidos.

Los preparadores físicos tienen la necesidad de transmitir por qué y para qué hacemos el trabajo. Los jugadores deben comprender:

- el sentido de la preparación fisica.
- la importancia de reparar las carencias físicas.
- el entrenamiento invisible.

De igual manera que el entrenador, el preparador físico crea espacios para recibir y dar *feedback*, espacios en los que enseñe a generar hábitos saludables y una cuestión tan importante como que el jugador aprenda a escuchar su cuerpo.

Desde la preparación física podemos crear una reflexión importante para el jugador que se está for-

mando: ¿cómo sería yo si cuidase mi cuerpo? ¿cómo sería competir sin esa mochila?

Además, está la necesidad de educar en el respeto al material, como parte del crecimiento personal del jugador.

5. El servicio médico es un agente educador

Explicar el proceso de recuperación (diagnóstico y tratamiento). Destacamos dos elementos claves en el espacio educativo que se da en la interacción entre el personal del servicio médico y el jugador.

- **La ayuda** vista como un proceso que nos enseña a reconocer lo que es, a no recurrir a falsos apoyos y que colabora para desarrollar y expresar el potencial de cada uno.
- Nuestro rol educador está lejos de los juegos psicológicos donde las personas adoptan diferentes posiciones (salvador, víctima, protagonista) y que también se pueden generar entre paciente y médico o fisioterapeuta.
- **Proceso de duelo:** es un momento muy importante para un jugador y en formación aún más. En el proceso de dolor reconocemos dos momentos que como profesionales educadores queremos distinguir en nuestra práctica diaria:

  » una etapa en que la persona necesita recuperar fuerzas, sentirse reconfortado, comprendido y sostenido; no es momento de ver su responsabilidad o que responda con eficacia y lucidez. En este momento la cercanía tiene un valor incalculable. Fortalece.

»sin embargo, en otro momento del proceso, cuidar, mitigar el dolor, consolar, tiene el efecto contrario: debilita. La persona se adormece, se escuda y evita dar el paso. En estos casos aliviar el dolor, la incomodidad le quita lo que tiene de potente: su poder transformador.

II. Horizonte:

En la interacción entrenador-jugador han de estar presentes una serie de estrategias y elementos que han de caracterizar nuestros procesos de enseñanza-aprendizaje en entrenamientos y partidos.

Partimos de un proceso de enseñanza-aprendizaje que en general está más vinculado a lo instructivo que a lo educativo. Que tiene que ver con los procesos propios en los que nos hemos socializado y que están más relacionados con el paradigma de enseñanza-aprendizaje, donde el que sabe se sitúa de forma jerárquica frente al que no sabe, entendiendo a la persona como un depósito que hay que llenar para reproducir aquello que le transmitimos.

Nuestro foco ahora está en la pregunta que el entrenador necesita hacerse. Esta pregunta no está relacionada tanto con lo que se debe enseñar sino con lo que el jugador necesita aprender. Es en este

proceso en el que el entrenador pasa también a ser una parte activa de su propio aprendizaje y se convierte en facilitador de procesos de aprendizaje, desde los que aprende como persona y como profesional y que, además, debe dominar o aprender una serie de nuevas competencias para desarrollar esta educación.

¿Cuáles han de ser las competencias del entrenador para que esa interacción sea realmente educativa?

Descubrimos en el proceso que en esta interacción han de estar presentes tanto la **inteligencia cognitiva** como la inteligencia **corporal** y la **emocional**. Y todo ello mediado por el diálogo.

a. ¿Dónde está lo emocional en la relación entrenador-jugador?

En el aprendizaje en 1ª persona. Nos referimos a todo aquello que pasa por mí: ¿dónde estoy, qué me está pasando y cómo me relaciono yo con eso que me está pasando? Queremos que el jugador se dé cuenta de su capacidad para intervenir y comprender los retos que tiene ese momento. Buscamos que tanto jugador como entrenador comprendan las múltiples posibilidades de aprendizaje que existen en su realidad más inmediata.

La confianza es la parte clave en el campo de lo emocional debido a que construye un suelo de seguridad por diferentes razones:

- es la que tiene que sostener las respuestas profesionales de nuestros jugadores y de nosotros como entrenadores.
- Vemos la confianza como un espacio que crea una posibilidad, aunque esa posibilidad no está en decir "yo confío en ti" o "yo confío en mí".
- Para nosotros la confianza está relacionada al espacio que uno abre para poder comprender, con **generar un contexto** desde la horizontalidad, que tiene que ver con estar presente y disponible a las necesidades del jugador, escucharle sin prejuicios. Tiene que haber un diálogo como una herramienta de autoconocimiento indagadora.

Pero construir confianza no es una cuestión sencilla y debemos atender a una serie de **claves para construir esa confianza**:

1. **El autoconocimiento:** si yo no puedo conectar realmente con lo que me pasa, será muy difícil que entienda qué te está pasando a ti.
2. **La comprensión:** la confianza tiene que ver con la lectura comprensiva. La confianza tiene que construir espacios para que se pueda aprender, para que se pueda caminar más allá de ese lugar de sombras, de los puntos ciegos, de los errores; entonces tú no

solamente creas un estado de confianza, sino que creas un entorno generador de ella.

3. **Actitud activa**: la confianza se construye, no es una mercancía que se da y se toma.

4. **Entrar en el territorio del no saber desde las sombras y puntos ciegos:** la confianza me permite aprender desde mis límites como entrenador y desde los suyos como jugador. Para crecer debemos comprender muy bien cuáles son nuestros puntos ciegos, nuestras áreas de sombra, nuestra vulnerabilidad, porque eso es precisamente lo que tiene que crecer.

5. **Reconocer los recursos de la persona y potenciarlos.**

La escucha y el diálogo. En este sentido, el entrenador es el que ha de generar los contextos de escucha y de diálogo.

b. ¿Dónde está la inteligencia cognitiva en la relación entrenador-jugador?

En la comprensión. Hemos pasado de la información al conocimiento, el siguiente paso es pasar del conocimiento a la comprensión. El movimiento de conocer es diferente al movimiento de comprender. Cuando hablamos de comprender hablamos de ampliar consciencia y comprender es una acción que me compromete a mí, porque yo tengo que estar presente a la comprensión.

c. ¿Dónde está la inteligencia corporal en la relación entrenador-educador?

Este es un paso más, porque necesitamos ser conscientes de nuestro cuerpo como un elemento más de la comunicación. Hay una serie de aspectos claves que nos ayudarán a mejorar la comunicación en los que está la inteligencia corporal:

1. **En el gesto vertical**. Se busca ser consciente de mi verticalidad en el caminar. Estar verticales significa estar **presentes** en el espacio, estar presentes en el paso al caminar, sin que la cabeza esté en otro lugar, sin que el pensamiento os saque de este momento. Esta **verticalidad** que expresamos con el cuerpo es **estar disponible** a lo que surja.
2. **En las sensaciones de contacto**. La corporalidad del entrenador ha de estar muy presente al contacto, donde la actitud activa de ambos en el movimiento de guiar y dejarme guiar debe estar presente en entrenadores y jugadores.
3. **Campo de seguridad**. El trabajo corporal nos permite explorar nuestro movimiento, tanto el entrenador como el jugador debe explorar nuevos movimientos, más abiertos; es decir, aquel que nos saque de nuestro campo de seguridad.

III. Estrategias:

En los procesos de enseñanza y aprendizaje tenemos que desplegar una serie de estrategias que nos ayuden a desarrollar los procesos:

1. **El aprendizaje en primera persona.** Como primera vía de aprendizaje. Nos referimos a todo aquello que pasa por uno mismo, responde a las preguntas: ¿dónde estoy?, ¿qué me está pasando?, ¿cómo me relaciono yo con eso que me está pasando?
2. **La pregunta.** La interacción la construimos a través de preguntas.
3. **El *feedback*.** El otro nos hace de espejo. Sabemos que sin el otro no se puede aprender.
4. **La escucha.** Ha de ser integral, completa.
5. **El diálogo** como herramienta de autoconocimiento.
6. **La interacción jugador-entrenador** es el espacio donde colocamos el aprendizaje.

IV. Acciones:

Dentro de nuestro modelo, debemos examinar cuáles son las acciones en los diferentes ámbitos para conocer qué es lo que se está haciendo y cómo son nuestras prácticas.

Acciones con los jugadores:

- Diálogos en vestuario antes de los entrenamiento y partidos.
- Los jugadores son protagonistas y participan en la preparación de los entrenamientos y partidos.
- Espacios de autogestión: se les deja solos para que preparen entrenamientos y partidos.
- *Feedback* del alevín con el infantil. Los alevines estaban en el vestuario escuchando cómo preparaban el partido los infantiles y posteriormente les daban *feedback*.
- Un jugador del Basconia (senior) asiste y participa en los diálogos antes de los partidos con el equipo alevín.
- Reunión entre los jugadores a petición suya, con la idea de ponerse objetivos, individuales y grupales.
- Preparación de entrenamiento del alevín con el juvenil b.
- *Feedback* anónimos de los torneos de los jugadores al entrenador.
- Se unen dos equipos para que se escuchen, vean la competición y al finalizar se den *feedback* entren ellos
- Se utiliza el Whatsapp como medio de comunicación y aprendizaje.
- Se provoca que los jugadores se den *feedback* entre ellos, sin pasar por el entrenador.

• Se provocan temas de diálogo que no son de fútbol.

Acciones con entrenadores:

• Formación para entrenadores (curso con Self Institute y formación interna)

• Procesos de *mentoring* entre entrenadores.

• Tenemos una red de aprendizaje, donde nos acompañamos unos a otros en nuestro desarrollo como técnicos.

• Los entrenadores comparten los mismos espacios de entrenamiento, se ayudan entre ellos y se escuchan en sus diálogos con los jugadores para luego dialogar sobre lo que han visto.

• Dar y pedir *feedback* es un ejercicio ya habitual en Lezama.

• Hacemos grupos de trabajo para mejorar la organización a través de tres proyectos y, además, hemos realizado un proyecto para mejorar hábitos de estudios.

CAPÍTULO 8
CIERRE
(2015-2017)

¿De dónde venimos? ¿Dónde estamos? Fueron años de ordenar, actualizar, validar o simplemente tirar muchos de los elementos que habían sido compañeros de mi viaje por el Athletic Club de Bilbao. Podría resumir estos casi 20 años en esta pequeña imagen, que fue evolucionando también. Aquí están recogidas muchas de las postas en las que tuve que parar y repostar para poder continuar: el aprendizaje en primera persona, el jugador como valor, el cambio de liderazgo de los entrenadores, el jugador autónomo y responsable, educar, la organización que aprende. Todas ellas abren caminos que todavía hoy estoy recorriendo.

Fue un viaje común con un lenguaje común. La filosofía que se había replanteado la academia en aquel 1997, que durante años fuimos profundizan-

do y dándole contenido. El aprendizaje fue evolucionando de un aprendizaje mecánico a un aprendizaje vital en primera persona, que te lleva a tus límites, que genera comprensión y conocimiento. La lucidez de algunos entrenadores que se dieron cuenta de que necesitaban aprender y cambiar en este sentido. Y, sobre todo, la disponibilidad de aprender juntos, el *mentoring*. Todo ello, acompañado de una continua reflexión de la metodología de entrenamiento, de la comprensión del juego por parte de todos, fue dando un estilo de juego propio, una mejora en la calidad de los entrenamientos y, en consecuencia, una mejora de los entrenadores.

A su vez, en toda luz está su sombra y también las teníamos. Faltaba apuntalar, interiorizar ciertos temas. Por ejemplo: si el jugador tiene un problema, yo también soy parte de ese problema; la evolución del jugador habla de mi evolución como entrenador; el jugador resolvía problemas vivenciales del juego, pero le estaba costando resolver los problemas vivenciales que tenía dentro del juego. Por ello, interiorizar lo aprendido era algo que tenía que ser mejorado en todos los niveles.

Por otro lado, de nuevo había movimientos en la organización, muchos de los entrenadores que habían trabajado conmigo dejaban el club y otros nuevos entraban. Pudimos dar continuidad a algunos procesos mientras que otros necesitaban empezar de cero, adaptándose al ritmo de aprendizaje de estos nuevos entrenadores.

PROCESO DE IMPLEMENTACIÓN DE UNA CULTURA DE APRENDIZAJE

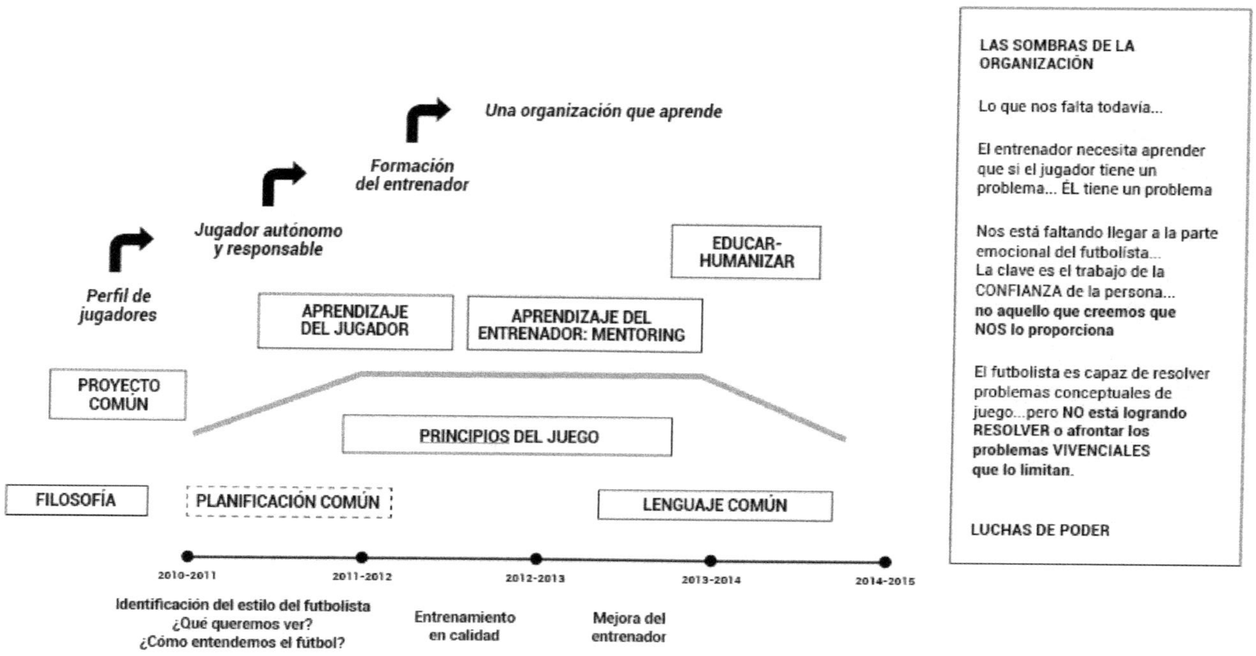

Perfil de jugadores

Jugador autónomo y responsable

Formación del entrenador

Una organización que aprende

PROYECTO COMÚN

APRENDIZAJE DEL JUGADOR

APRENDIZAJE DEL ENTRENADOR: MENTORING

EDUCAR-HUMANIZAR

PRINCIPIOS DEL JUEGO

FILOSOFÍA

PLANIFICACIÓN COMÚN

LENGUAJE COMÚN

2010-2011 · 2011-2012 · 2012-2013 · 2013-2014 · 2014-2015

Identificación del estilo del futbolista
¿Qué queremos ver?
¿Cómo entendemos el fútbol?

Entrenamiento en calidad

Mejora del entrenador

LAS SOMBRAS DE LA ORGANIZACIÓN

Lo que nos falta todavía...

El entrenador necesita aprender que si el jugador tiene un problema... ÉL tiene un problema

Nos está faltando llegar a la parte emocional del futbolista...
La clave es el trabajo de la CONFIANZA de la persona...
no aquello que creemos que NOS lo proporciona

El futbolista es capaz de resolver problemas conceptuales de juego...pero **NO está logrando RESOLVER o afrontar los problemas VIVENCIALES que lo limitan.**

LUCHAS DE PODER

El tiempo fue pasando y desde un grupo de entrenadores surgió la inquietud de revisar y actualizar los procesos de enseñanza, aprendizaje que estábamos viviendo. Me pareció muy interesante, muchos de ellos no habían participado en los talleres que habíamos hecho sobre aprendizaje, así que seguro que iba a ayudarnos en su comprensión.

Nos asaltaban dudas sobre si el jugador interiorizaba o no todo aquello que iba aprendiendo en Lezama. A veces sentimos que ya está, que el jugador se ha dado cuenta de algo y lo empieza a hacer, parece que ya está aprendido y que ya lo va a hacer para siempre. La realidad nos dice que no es así. Hay veces que nos encontramos con momentos de regresión ("Parece que se les ha olvidado todo", comentaba un entrenador) o aparecen momentos de *impasse* ("Este jugador se ha estancado", decía otro).

Tomando un poco de distancia, los escuchaba y veía su frustración detrás de estos comentarios. Veía este pensamiento lineal del que venimos casi todos, basado en "yo digo y el jugador lo hace", o esa ilusión de causa-efecto que crea desasosiego. Sin embargo, pocas cosas son lineales en la vida y menos el aprendizaje.

En los cursos de formación para entrenadores, suelo pedir que dibujen su línea de aprendizaje. La mayoría dibuja una línea en ascendente y otros, una línea con leves subidas y bajadas, solamente unos pocos dibujan la línea con subidas y bajadas, con trazos hacia atrás y trazos hacia adelante o con círculos en forma de *looping*. El aprendizaje no es algo lineal sino más bien retroprogresivo; esto es, un paso para adelante y otro para atrás; y son los momentos de regresión los más importantes para que el siguiente paso sea de progresión. Sin embargo, estos momentos regresivos necesitan ser vistos y comprendidos como parte de un proceso y, sobre todo, hay que invertir en ellos. Pero la inmediatez, la necesidad de ver "la obra terminada" por parte de los entrenadores y clubes, el miedo a los resultados o los juicios prematuros nos hacen tomar decisiones rupturistas con el aprendizaje.

La regresión o el *impasse* son momentos que nos invitan a pararnos y mirar, a pensar y cuestionarnos qué está pasando. Son buenos momentos de reflexión sobre mi trabajo como entrenador, sobre lo que el jugador necesita y lo que necesita de mí, son espacios de gran aprendizaje no solo para el jugador sino para el entrenador e incluso para la organización.

Así que volvimos a indagar en algunas consideraciones que podrían ayudar a mejorar la interiorización del aprendizaje del jugador.

Enfoque holístico

Para mejorar el proceso de interiorización necesitamos algo más que un enfoque de rendimiento, necesitamos trabajar desde un proceso de aprendizaje profundo y consciente desde donde se potenciase el desarrollo del jugador. **Un enfoque holístico que integre la persona en su totalidad.**

No podemos olvidar que debajo de la camiseta del jugador hay una persona, que no puede ser dividida en técnica, táctica, preparación física, psicología, fisiología y biomecánica. La aproximación al futbolista debe ser global, integrada. Es imprescindible que la persona no se rompa; es decir, **que el jugador no se escinda de su desarrollo como persona**. Para ello, educar la mirada del entrenador para mirar al jugador más allá de lo que muestra en el campo fue uno de los retos clave, tanto desde la metodología de fútbol en Lezama como desde la propuesta de aprendizaje del entrenador.

Por otro lado, ¿cuántas veces oímos: "Este jugador ha llegado al primer equipo gracias a que yo le vi y le traje"? U otras veces se atribuye este éxito a un entrenador en concreto. Desde mi punto de vista, estas actuaciones, aisladas por sí solas, nunca generarían un jugador profesional o un rendimiento sostenible en el tiempo. **Yo veo el rendimiento como una propiedad emergente**; es decir, **el rendimiento** surge de la interacción de todas las partes que intervienen en ello: el propio jugador, su personalidad, entrenadores, médicos, psicólogos, equipo, situación vital. Por lo tanto, el jugador que ha llegado a profesional es algo más que la suma de las partes que intervinieron en su proceso.

La mirada holística analiza las situaciones desde las múltiples interacciones que la caracterizan; es decir, el holismo supone que el rendimiento de un jugador no puede ser determinado o explicado desde una de sus partes (por ejemplo, solamente desde el trabajo condicional) ni por la suma de sus componentes (trabajo condicional más entrenamiento en habilidades mentales, más el trabajo técnico), sino que se debe considerar **el sistema completo. En este caso, el jugador se comporta de un modo distinto a la suma de sus partes. Es decir, el jugador va a generar algo distinto y de mayor envergadura, en este caso, que lo que cada parte aporta: su rendimiento y su aprendizaje o desarrollo dependen hacia dónde lo enfoquemos.**

¿Cómo se consigue que los entrenadores pensemos y actuemos desde este enfoque holístico? Para empezar, **el entrenador debe ver personas, no jugadores.** La persona es mucho más que un jugador. Esto implica un gran cambio de paradigma. La persona es el gran valor, la persona del jugador es la que va a tomar decisiones, superar adversidades, sentir

frustraciones. Y a veces queremos afrontar eso solamente desde el rol del jugador. Habitualmente escuchamos: "si quieres ser un buen jugador tienes que mostrar fortaleza", "eres importante para el equipo, dependemos de ti", "en el fútbol, el jugador que duda no puede llegar a la excelencia". Sin embargo, quien va a sostener todas estas exigencias es la persona que está debajo de la camiseta del jugador.

Durante todos estos años, mi mirada en mi rol como psicóloga fue evolucionando y en aquel momento me veía más como alguien que genera contextos de aprendizaje o, por los menos, que era más consciente de ellos. La perspectiva holística no es un instrumento más de la caja de herramientas, es una manera de ver, sentir, respirar e interaccionar; tiene que ver con nuestra manera de mirar el mundo y eso implica que tiene que estar muy integrado en nuestro ser como psicólogos. No se puede ser un día holístico y otro no, porque muchas veces en el trabajo de los psicólogos del deporte, como también en el de los entrenadores, nos encontramos varios filtros que nos alejan de esta perspectiva holística; como, por ejemplo, la inmediatez o la necesidad de resultados del equipo o del jugador con el que trabajo.

Entendí por aquel entonces que mi papel en todo esto no solo es dar conocimiento o añadir más al que tienen los entrenadores o futbolistas, sino todo lo contrario, debía participar del que había y depurarlo. Esto suponía limpiar los conceptos y aclararlos para llegar a su significado original. Por ejemplo, antes se hablaba de liderazgo democrático, transformador, hoy podemos leer otras distinciones como el liderazgo consciente, transpersonal. Así, vamos añadiendo significados al concepto y a la vez lo vamos alejando de su esencia. Al mismo tiempo, nos encontramos con el reduccionismo de significados de las cosas, conceptos tan grandes como autonomía los reducimos a no dar al jugador las soluciones del juego, por ejemplo.

En esta época se habían incorporado nuevos entrenadores, nuevos y más jóvenes que otras veces. Había que volver a revisar el significado de aprender y, para ello, se necesitaba seguir profundizando en el significado de "aprendizaje".

Mi mirada inicial del aprendizaje había evolucionado a un aprendizaje donde el foco ya no solo era aprender a comprender el juego, sino que el foco estaba en un aprendizaje que te llevaba a tus límites y te enseñaba a aprender algo de uno mismo. Me daba cuenta de que este aprendizaje era una tarea crucial si se quería evolucionar y mejorar en las praxis. Si no se evolucionaba en comprender y profundizar en los conceptos que trabajamos, en este caso el aprendizaje, iba a ser difícil avanzar en nuestras acciones y decisiones. Y esto tenía mucho que ver con ampliar y profundizar la mirada de los entrenadores sobre

el aprendizaje y, sobre todo, comprenderlo a través de cómo los entrenadores lo viven en ellos mismos. Pero esto lleva tiempo.

Nos planteamos **qué preguntas hacía falta indagar** para revisar nuestras acciones en relación con la interiorización del aprendizaje de los jugadores. Tenían que ver con: ¿dónde estoy como entrenador en mi aprendizaje?, ¿qué es aprender? Después de estos años no buscábamos definiciones de conceptos sino más bien comprender qué hay dentro del concepto; por ejemplo, ¿qué hay en el aprendizaje? Interacción, reflexión, mirarse a uno, propósitos. Una vez por semana nos reuníamos para dialogar sobre ellas.

En uno de los encuentros alguien preguntó: "¿Cuál es mi propósito como entrenador?". Las respuestas eran diversas: "hacer jugadores para el primer equipo", "que el jugador llegue a nuestro primer equipo lo mejor que pueda ser como jugador y como persona". Para mí, lo acertado de la respuesta es el silencio de reflexión que cada uno tenga antes de darla. No es una pregunta fácil si no hemos reflexionado sobre ello. Porque cuando hablamos de propósitos estamos hablando de algo a la vez obvio y sutil. Mucha gente reconoce lo que es evidente sobre los propósitos: nos ayudan a movernos para conseguir algo.

Sin embargo, ese movimiento y la disciplina interior que conlleva tienen sutiles implicaciones. "¿Cuál de estos dos propósitos os conecta más con vuestra filosofía de vida y valores?", les dije. Puede parecer que sean el mismo propósito pero debido a esas sutilezas, los propósitos van a ser completamente diferentes.

Me gustaría diferenciar entre los propósitos y los objetivos. Estos últimos son algo más tangible. Por ejemplo, un objetivo puede ser que suban al primer equipo dos jugadores por año. Mientras los propósitos son algo intangible y, en mi opinión, algo más vital en cuanto a que nos conectan con la vida y nos conectan con uno mismo; sino, hablaríamos de propósitos estériles, de los que no florece nada. Esto es clave si queremos personas y organizaciones productivas y generadoras. El propósito tiene que ver con la pureza de mis intenciones como entrenador.

Volviendo a la formación que el jugador recibirá por parte de sus entrenadores, va a ser sutilmente diferente. Los ejercicios, la metodología o la preparación física serán los mismos; esto es lo obvio, lo que se ve y lo que todos podemos ver, pero ¿y lo que no se ve? ¡Cuidado! ¿Qué pasa con lo sutil? Lo sutil es aquello que está pero no sé, que influye y transforma pero no se ve; es lo oculto, lo que da un toque diferente al producto, esto lo podemos llamar "el toque del entrenador". Por ello, tiene que estar conectado con su persona, tiene que ver con la capacidad de entrenador de ver más allá. Y, en mi opinión, los propósitos pertenecen al mundo de lo sutil.

En el entramado social que vivimos hoy, hemos creado modelos, modas, programas, consejos y soluciones rápidas que nos desconectan del sentido de lo que hacemos y de lo que queremos hacer. Sin embargo, la experiencia me dice que los propósitos cuestan mucho llevarlos a cabo. Generalmente los iniciamos con fuerza y se desvanecen con rapidez. A veces, al inicio de los proyectos nos proponemos muchas cosas; sin embargo, bastantes de ellas no se llevan a cabo. Hablar de intención y de propósito es algo de mayor calado. Muchas veces tenemos la mirada en la meta, en las expectativas, en ganar como sea y esto nos saca del momento presente. Y el propósito pide poner toda la carne en el asador.

El propósito no está en grandes declaraciones de intenciones, no está en palabras. Está en las prácticas del día a día. Y los entrenadores, y todos nosotros, tenemos que aprender a encontrar estos escenarios cotidianos.

La generosidad de la intención tiene que ver con el grado de compromiso con nuestro quehacer diario. El grado de compromiso es un signo de madurez en las personas, porque es una elección. El entrenador está eligiendo un propósito puro, sin intereses o condiciones.

Elegir es un acto de libertad. Abrir esa búsqueda de plantearnos un propósito requiere tenerlo muy claro, no se puede tener un pie en un andén y otro en el otro. No valen medias tintas si hablamos de desarrollo de jugadores, debemos tener los dos pies en el mismo lado siempre.

Sin embargo, esto que parece tan teórico en un principio tiene su desarrollo en la práctica. Esta elección pertenece a otro tipo de contrato diferente del que firmamos cuando entramos a trabajar en una organización, pertenece al contrato implícito, que tiene que ver más con mi disponibilidad al cambio, a mirar el mundo de un modo diferente al que hasta ahora he tenido, tiene que ver con mi filosofía de trabajo. Estos son los temas que van a guiar nuestras acciones y decisiones. Cada club debería tener claro qué contrato implícito pide al entrenador.

La interiorización de lo que aprendemos tiene que ver con lo que hacemos en el día a día con el jugador, más que con lo que decimos. Es decir, tiene que haber coherencia entre mi contrato explícito con el proyecto y mi contrato implícito, lo que no se dice verbalmente pero se expresa en las acciones y decisiones que tomamos en torno al futbolista.

Apuesta por el paradigma de la comprensión

Si hablamos de mejorar los procesos de interiorización del jugador, estamos hablando de comprender, que no tiene que ver tanto con acumular o dar

información como con ampliar la toma de conciencia del jugador, que se dé cuenta de lo que está haciendo, de cómo lo está viviendo. Pero no siempre me doy cuenta de lo que me pasa, por eso pensábamos que sacar esos puntos ciegos a la luz a través de las preguntas y de la conversación es una parte crucial de esa interiorización.

Hablar de interiorizar nos estaba llevando a mirar nuestras interacciones con los jugadores y surgían nuevas preguntas: ¿todas las interacciones conllevan aprendizaje?, ¿todas conllevan que el jugador interiorice? El hecho de que estas interacciones produzcan interiorización va a depender de dos aspectos: el primero tiene que ver con el lugar desde donde el entrenador interacciona con el jugador, por eso era tan importante para nosotros mirar nuestras intenciones cuando interaccionamos con el jugador; el segundo tenía que ver con la capacidad del entrenador de generar reflexión en el jugador, esto se trata de la habilidad de manejar la conversación.

Tras estas reflexiones en las primeras reuniones, trabajamos en algunas de las siguientes preguntas: ¿cómo entendemos el aprendizaje en Lezama? ¿Dónde me encuentro yo en mi aprendizaje como entrenador?

En el diálogo surgieron varias distinciones que nos parecieron importantes a la hora de comprender cómo generamos aprendizaje en el otro y en mí mismo. Algunas de las respuestas de los entrenadores fueron estas:

- "Me planteo el aprendizaje desde cómo estoy aprendiendo yo en este momento, desde cómo estoy cambiando en mi manera de aprender, cómo aprendía antes y cómo aprendo ahora".
- "Yo me pregunto en qué momento estoy apto y con actitud para aprender. Ahí es importante estar curioso, receptivo y tener confianza. Sin perder la mentalidad de principiante, en la que parto de no saber y de querer aprender".
- "Desde mi vivencia, desde la incomodidad cuando he tenido situaciones que me han resultado más difíciles. Igual no en el momento pero sí en el proceso, me han permitido mejorar a base de mirar lo que yo he estado haciendo y cómo lo estaba haciendo o viviendo. Pero cuando me he sentido más tranquilo y cómodo, creyendo que esto ya lo sabía, estas situaciones no me han resultado nutritivas para el aprendizaje. No solo relacionado con el fútbol sino un poco en general. Es importante que haya un reto, un coste o algo que tenga que soltar para que lo nuevo pueda venir".
- "Sobre todo me hace dudar y en esa duda se abre una grieta en el que intento dar espacio donde entran cosas diferentes. No soy capaz de etiquetarlo si va a ser bueno o malo, va a ser algo diferente

con lo cual voy a ser algo diferente y para mí eso es motivador".

De estas conversaciones, apareció la pregunta **¿qué tengo que mejorar yo como entrenador?** Nos centramos en ella, pensé que podría ayudar a comprender cómo interiorizamos. Los entrenadores comentaban:

- "Yo siento que no llego a los jugadores; cuando hablo con ellos siento que mis mensajes no llegan. Posiblemente tenga que ver con mi estado de confusión actual, con mi necesidad de tener que hacerlo bien. Mi rigidez siento que es un escudo de autodefensa. Pero ¿de qué me defiendo? Entiendo que de hacerlo mal; sobre todo en los antes y durante. En los antes tengo el ruido de que no estoy llegando, esto es una parte, es un detalle".
- "En mi formación echo en falta a alguien que acompañe a los entrenadores en el campo, que te ayude a ver algo que no estás viendo de ti, a nivel de juego, no solo de aprendizaje".
- "Yo, personalmente, cuando llego aquí, a Lezama, me doy cuenta de que hay muchas cosas que no sé. Mejorar a través de mí y mejorar a través del jugador y del otro."

Estos diálogos iban siendo un buen *feedback* para mí, porque podía ver lo que los entrenadores habían interiorizado o no durante estos años. Era simpático porque se estaba dando un proceso paralelo: los entrenadores sentían la necesidad de ver lo que el jugador estaba o no interiorizando y yo estaba viendo lo que ellos habían o no interiorizado.

La semana siguiente abrimos el diálogo con otra pregunta: **¿cómo aprendemos? ¿Cómo sé yo que el otro está aprendiendo?**

- "Después de la vivencia que he tenido hoy, desde escuchar al jugador sus respuestas y sus preguntas y ver qué iba surgiendo, la veía como una información para mí; luego, al ser capaz de verme me di cuenta de que esa información era más sobre mí, sobre lo que no me fijo, sobre lo que me cuesta aceptar... y quizás sobre mis limitaciones también".
- "El día pasado me sorprendió un jugador que explicaba cómo aprendía cuando estaba en el banquillo, viendo a otro, viéndose reflejado en él, conectando su yo con el del otro jugador, veía que él era capaz de vislumbrar cuándo aprendía".
- "Venía pensando acerca de cómo hacer para que el jugador interiorice, que lo asimile. Repetimos, yo repito y me repito, y dudo de mi capacidad de transmisión porque hay palabra, hay lenguaje, hay comunicación, pero al final siento que el jugador lo hace porque se lo dicen no porque sienta que es mejor así".

Este día lo finalizó un entrenador con esta pregunta: "Yo me refiero también al entrenador, cuando nos dicen también a nosotros algo que quieren que

interioricemos, ¿nos llega? o ¿tiene que ver con mi recepción del mensaje? A veces, estamos tan llenos con nuestro bagaje, conocimiento o experiencia que no nos cabe nada más".

Estas preguntas ya nos las habíamos hecho en Lezama hace casi diez años atrás, pero comprendía que las nuevas generaciones de entrenadores también necesitaban hacérselas. Sin embargo, me llamaban la atención las respuestas, ahora eran más elaboradas, más en la línea que veníamos trabajando, con lo cual algo de interiorización si habíamos conseguido, pero sobre todo había ya cierta cultura de aprendizaje en la organización.

Las semanas iban pasando y las reuniones se iban encaminando a hacer un replanteamiento sobre **qué buscamos en el jugador.** Esto también orientaría la pedagogía del aprendizaje que se estaba utilizando en Lezama. Las respuestas apuntaron a temas como: queremos construir autonomía en el jugador, la preparación de cara al futuro, el conocimiento del juego y que sea un jugador consciente.

"¿Cómo convertir o transformar al sujeto pasivo en sujeto activo? Con reflexión, autocrítica, hábitos de diálogo, preparándose para entrenar, propiciar que sea responsable de su aprendizaje. Esto es lo que ocupa la mayoría de mi tiempo", concluía un entrenador.

La situación nos abría nuevas preguntas:

- ¿Qué pasa con todo lo que puedo aprender y que no sea visible, porque nosotros necesitamos ver respuestas (rendimiento)?
- ¿Hay aprendizajes ocultos?
- ¿Cómo aprende un jugador a tener miedo al balón? ¿Solo cuando lo muestra?
- ¿Igual ya lo ha aprendido antes?

Los jugadores también eran conscientes de su proceso formativo, de las diferencias que encontraban en los entrenadores de Lezama. Estas son algunas de las respuestas a encuestas que se hicieron a los jugadores sobre el modelo de aprendizaje:

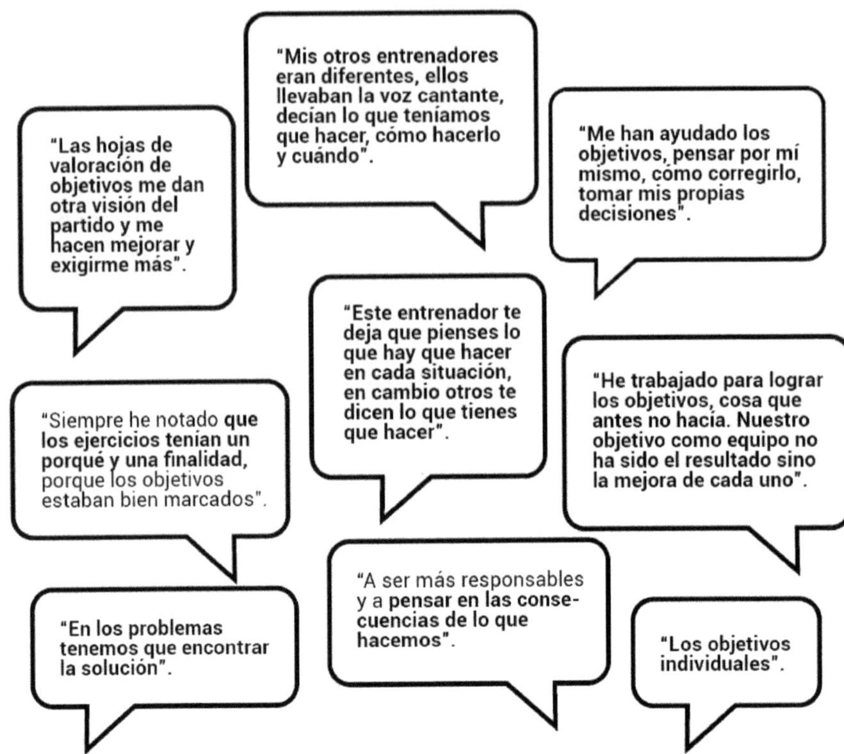

Tras esta reflexión sobre la pedagogía del aprendizaje se hizo un diagnóstico de las necesidades de cada categoría, de las necesidades de los jugadores según su edad y de las habilidades que necesita el entrenador para afrontar dichos momentos evolutivos del jugador.

Partimos de un breve artículo, escrito por Pep Mari, que me dieron en el CAR de Sant Cugat[19] hace muchísimos años. Allí aparecía una pirámide que me llamó la atención y que con el tiempo la fuimos evolucionando.

19 Pep Mari, jefe del Departamento de Psicología del Deporte del Centro de Alto Rendimiento Deportivo de Sant Cugat (Barcelona).

¿QUÉ NECESITAN APRENDER LOS JUGADORES PARA SER COMPETITIVOS?

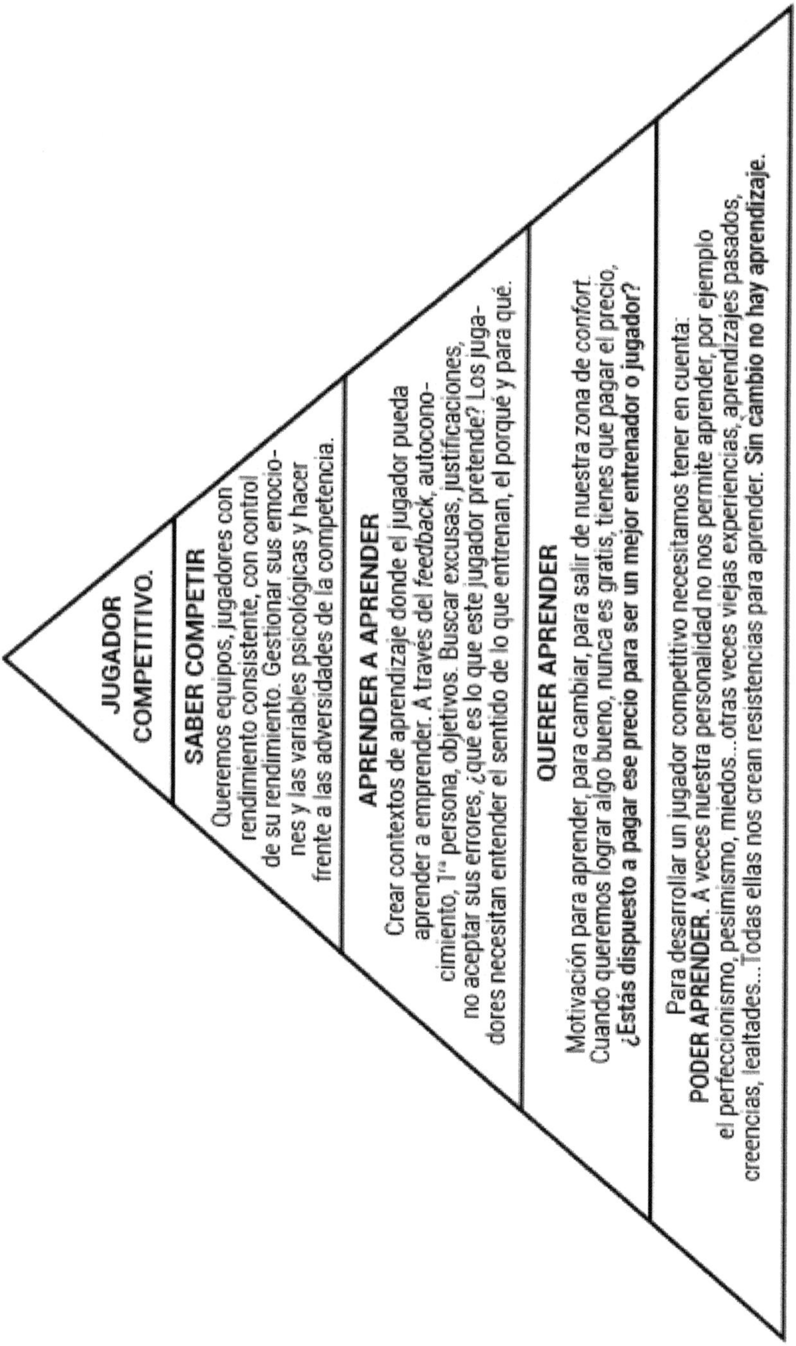

JUGADOR COMPETITIVO.

SABER COMPETIR

Queremos equipos, jugadores con rendimiento consistente, con control de su rendimiento. Gestionar sus emociones y las variables psicológicas y hacer frente a las adversidades de la competencia.

APRENDER A APRENDER

Crear contextos de aprendizaje donde el jugador pueda aprender a emprender. A través del *feedback*, autoconocimiento, 1ra persona, objetivos. Buscar excusas, justificaciones, no aceptar sus errores, ¿qué es lo que este jugador pretende? Los jugadores necesitan entender el sentido de lo que entrenan, el porqué y para qué.

QUERER APRENDER

Motivación para aprender, para cambiar, para salir de nuestra zona de *confort*. Cuando queremos lograr algo bueno, nunca es gratis, tienes que pagar el precio, **¿Estás dispuesto a pagar ese precio para ser un mejor entrenador o jugador?**

Para desarrollar un jugador competitivo necesitamos tener en cuenta: **PODER APRENDER.** A veces nuestra personalidad no nos permite aprender, por ejemplo el perfeccionismo, pesimismo, miedos...otras veces viejas experiencias, aprendizajes pasados, creencias, lealtades...Todas ellas nos crean resistencias para aprender. **Sin cambio no hay aprendizaje.**

Poder aprender. A veces nuestro estilo de funcionamiento no nos ayuda a aprender. Por ejemplo, el perfeccionismo, la tendencia al pesimismo, los miedos. Otras veces, viejas experiencias, aprendizajes pasados, creencias o lealtades son las que pueden crear resistencias o limitaciones para aprender. Todo aprendizaje implica algún cambio y todo cambio conlleva una pérdida.

Querer aprender. Se refiere a la motivación para aprender, para cambiar, para salir de nuestra zona de *confort*. Cuando queremos lograr algo bueno nunca es gratis, tienes que pagar un precio. ¿Estás dispuesto a pagar ese precio para ser mejor jugador?

Saber aprender. Crear entornos de aprendizaje donde el jugador pueda aprender a aprender, donde hable en primera persona (a mí, mi dificultad, yo), donde le hagan y realice preguntas cuestionadoras que le lleven a un territorio no conocido, retador para él, que pida y que dé *feedback*, que no caiga en excusas. Difícilmente voy a aprovechar un entrenamiento si no sé, antes de empezarlo, qué objetivos debo conseguir y cómo debo trabajar para lograrlo. Hay que buscar en uno mismo la causa de mis errores. Si no admites que has hecho algo mal no te pararás a analizarlo. No encontrarás qué rectificar y no cambiarás nada, con lo cuál seguramente repetirás el error una y otra vez. Difícilmente voy a progresar si cuando fallo lo atribuyo a los guantes o al campo, por ejemplo, desperdiciando una oportunidad para mejorar.

Saber competir. Aprender a tener consistencia, regularidad en el rendimiento, a través de comprender las emociones que surgen en mí cuando compito. Aprender a afrontar las adversidades que la competición me presenta.

Desde la perspectiva de esta pirámide se fueron analizando el momento de cada categoría o edad, de donde surgieron los siguientes mapas de necesidades.

Necesidades de aprendizaje por grupos-categorías

Etapa Alevín

- **Aterrizar en Lezama**: La disciplina en el día a día, desde aprender a organizar y responsabilizarse del material de entrenamiento o la importancia del horario, hasta interiorizar la intensidad de entrenamientos y la comprensión de conceptos de fútbol propios de Lezama.
- Comprender **la necesidad de un orden** en el funcionamiento de la academia y de los hábitos de aprendizaje: participación en el vestuario, reflexionar en primera persona, el respeto a los entrenado-

res y compañeros, la puntualidad, el material o el tiempo de ducha.

- **Trabajar en la responsabilidad individual y compartida.** Los jugadores necesitan interiorizar, darse cuenta de que todas sus acciones tienen reciprocidad para ellos y para el grupo a través de las consecuencias naturales que sus decisiones y acciones generan. A través del diálogo, es un momento importante para sacar a la luz esas consecuencias naturales que muchas veces están pero no se ven y hacerlas conscientes en el jugador para aprenderlas.
- **Nueva cultura de aprendizaje.** El jugador viene de una cultura cortoplacista de resultados. Los jugadores vienen de otro modo de comprender la competición, centrado en el partido del domingo más que en su aprendizaje. Iniciarles en una cultura centrada en los procesos de aprendizaje, en la que el resultado será una consecuencia de ellos.
- Llegan con una postura pasiva ante el aprendizaje (espera a que le digan lo que tienen que hacer y cómo) y necesitamos iniciarles en una actitud de **jugador activo-pensante** (el jugador participa de su aprendizaje a través de su propia reflexión y el diálogo junto a la reflexión con el entrenador y otros jugadores).
- **Iniciarles en el aprendizaje dialógico.** Habituarles a pensar, a hablar en primera persona. Crear una toma de conciencia del aprendizaje. En esta etapa

hablan todos a la vez, por lo que han de aprender a respetar los turnos y a trabajar en el silencio.

Etapa Alevín-Infantil

- **Dificultades.** Una vivencia que se encuentra este grupo es la dificultad del contrario en la competición y las implicaciones que eso conlleva según cómo el jugador lo perciba: como un reto o como una amenaza. Aparecen miedos (pérdidas, dejar de estar en Lezama, el qué dirán, la influencia del marcador), resistencias al cambio, intolerancia a la frustración.
- Necesitan entender la importancia del entrenamiento y entender que la competición es también un contexto de aprendizaje.
- Trabajar la comprensión y los significados de por qué se busca esa dificultad, lo que es ganar y perder. ¿Qué es competir?
- Profundizar en los objetivos con respecto al marcador. Profundizar en la materia (los principios de juego).

Etapa Infantil 2º año

- **El trabajo de objetivos** de aprendizaje vuelve a ser importante. Los objetivos necesitan estar por encima de la competición. La dificultad de la competición es baja en su liga, supone poco reto y la competición es fácil.

• Los torneos amistosos son el espejo del progreso del equipo en este grupo.

• Atención a la percepción de la realidad. Educar en la autoexigencia, el inconformismo.

• Es el año que más bajas hay, es el año de mayor entrada y salida de jugadores.

Etapa Cadete

• **Reforzar la disciplina interior.** Los hábitos, los compromisos, el orden funcional y la responsabilidad. Comprender que lo que decido como jugador tiene una consecuencia en mí que me favorece o que me perjudica.

• Aparecen resistencias en el aprendizaje. Las creencias como "yo soy bueno", "siempre me dice a mí" o "yo voy a la selección", junto con la adolescencia, suponían pequeñas barreras que el entrenador necesita manejar. Pero, por otro lado, el jugador debe interiorizar los objetivos, las preguntas, el diálogo en el vestuario, hablar en primera persona y eso conlleva una mayor capacidad de autocuestionamiento del jugador, por lo tanto mayor reflexión crítica. Un entrenador decía: "Se sienten más autónomos, ya no compran todo lo que les dices".

• Hay mayor demanda del juego y necesidad de profundizar en él. Esta demanda del juego va a exponer al jugador, va a demostrar sus debilidades y si puede o no dar un paso más. El jugador en su fuero interno se da cuenta de esto: “Unos progresan y yo no, aunque me esfuerzo a tope”, decía un jugador. Por eso aparecen estas resistencias, para protegerles. En esta categoría adquieren más importancia los detalles en el entrenamiento.

- Otro tema que los jugadores necesitan comprender es por qué y para qué se compartían etapas. ¿Por qué entrenamos en grupos con los de un año menor o con los de un año mayor?
- Tienen que afrontar torneos de mayor dificultad y esto supone en ocasiones perder todos los partidos, por ejemplo. ¿Qué función tienen para ellos? ¿Qué implican?

Etapa Cadete A

- Muchos de estos jugadores ya llevan 5 años en Lezama trabajando con esta filosofía de aprendizaje.
- El estilo de funcionamiento del día a día en responsabilidad y autonomía, filosofía, el método de entrenamiento y la participación activa de su aprendizaje, ya están interiorizadas si todo ha seguido su camino.
- Se les siente más ausentes, parados, la energía va y viene, inconsistentes en su estar. Su nivel de madurez permite debatir y cuestionar. Ellos ya pueden elaborar mensajes con argumentos.
- Puede haber una disminución de la participación en el aprendizaje colectivo, un retroceso en el

compromiso de prepararme para afrontar entrenamiento y competición

- El reparto de minutos empieza a ser más selectivo.
- Ganan casi todos los partidos. Competición poco exigente, poco reto. ¿Cómo compensamos esto los entrenadores? La exigencia en el entrenamiento y en sus necesidades individuales es vital en esta etapa. Ofrece otro espejo al jugador donde mirarse para evitar construir ideas equivocadas de uno mismo.

Una vez definidas las necesidades de los jugadores en las diferentes etapas de su aprendizaje en Lezama, comenzamos a definir los recursos que deben dominar para desarrollarlo siguiendo la misma estructura de pirámide a la que antes hacíamos referencia.

Recursos para aprender a aprender según la categoría

Etapa Alevín

- Iniciarles en los **principios de juego**, en hablar en **primera persona** y en el trabajo con **objetivos** centrados en los principios de juego y en aprender a utilizarlos.

• Los jugadores nuevos vienen muy orientados a la competición. El entrenador necesita tener muy interiorizada y comprendida **la importancia del entrenamiento.** "El entrenamiento es lo más importante, porque muchas veces la competición no nos ofrece tantas oportunidades que resolver por el jugador". El entrenador necesita ser consciente del peso que pone en el entrenamiento y en la competición a través de su actitud, comportamiento y palabras, para que la importancia de comprometerse con el entrenamiento vaya calando en el jugador.

• Paralelamente a esto, el entrenador en esta categoría es importante que sienta que **la competición es un medio** y que crea en ello.

• Necesitan aprender a pensar. Habituarse a interaccionar, a participar y a pensar en su *feedback* interno, en dificultades y soluciones del juego, y en ver cómo él se relaciona con todo esto.

Etapa Alevín - Infantil

• Aprender a **escuchar.** Respetar el ritmo de la conversación. Empezar a darse cuenta de que en los **silencios** también se aprende. Hablar sin necesidad de levantar la mano.

• Habituarse a interaccionar, a participar y a pensar en su *feedback* interno, en dificultades y soluciones del juego, y en ver cómo él se relaciona con todo esto.

- Iniciarles en el ***feedback*** entre compañeros.
- Profundizar en significados de ganar, perder y éxito. Tomar conciencia de la influencia del marcador. Afrontar el paso del fútbol 7 al futbol 11, con excusas como “en el fútbol 7 era diferente”.

Etapa Infantil - Cadete

Buen año para profundizar en los objetivos individuales, porque el rival no te da grandes retos. Trabajar en saber detectar si estoy en la **zona de *confort*** y aprender a salir de ella a través del inconformismo.

El jugador necesita ser consciente, cuestionarse si se está **comprometiendo** con su mejora.

Iniciarles en que todas la personas tenemos un **punto ciego**, algo que yo no veo de mí, pero los demás sí. Estos puntos ciegos necesitan ser mirados, aceptados para que puedan ser mejorados.

Manejar los diálogos como herramienta de autoconocimiento, profundización del juego, de lo que hacemos y de cómo lo hacemos.

¿QUÉ NECESITA EL JUGADOR APRENDER EN SU PROCESO?

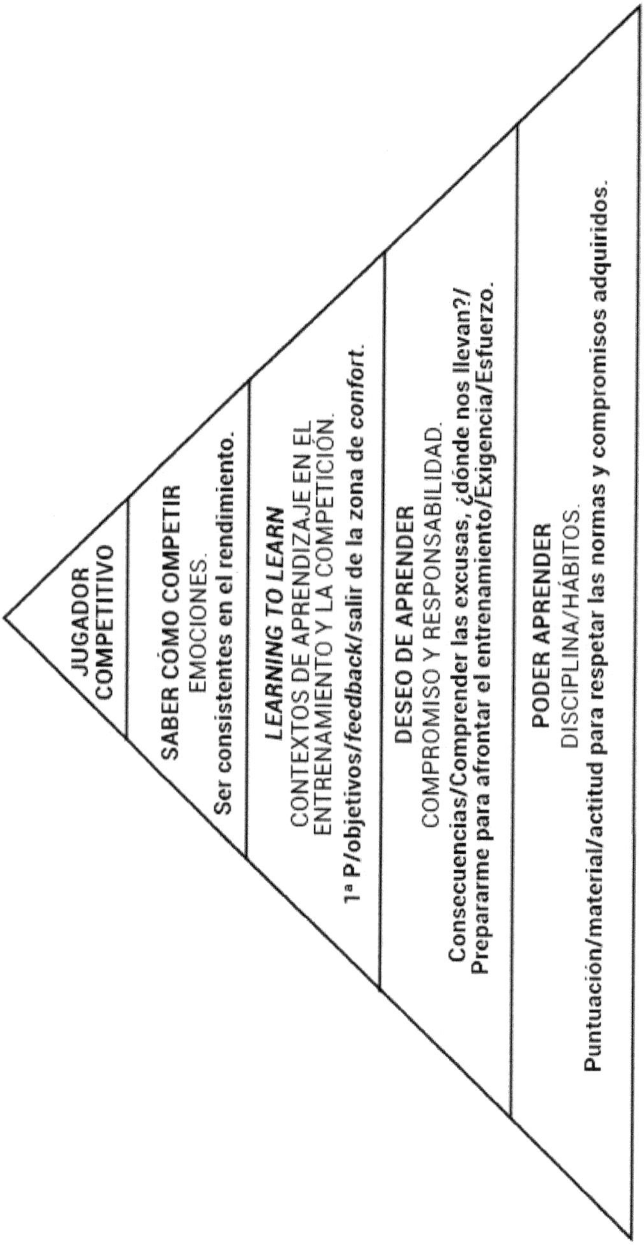

JUGADOR
COMPETITIVO

SABER CÓMO COMPETIR
EMOCIONES.
Ser consistentes en el rendimiento.

LEARNING TO LEARN
CONTEXTOS DE APRENDIZAJE EN EL ENTRENAMIENTO Y LA COMPETICIÓN.
1ª P/objetivos/*feedback*/salir de la zona de *confort*.

DESEO DE APRENDER
COMPROMISO Y RESPONSABILIDAD.
Consecuencias/Comprender las excusas, ¿dónde nos llevan?/ Prepararme para afrontar el entrenamiento/Exigencia/Esfuerzo.

PODER APRENDER
DISCIPLINA/HÁBITOS.
Puntuación/material/actitud para respetar las normas y compromisos adquiridos.

Una vez analizadas las necesidades de los jugadores, en la misma línea, debíamos atender al trabajo de los entrenadores en este proceso, para lo cual era necesario definir las habilidades que necesitan los entrenadores en cada etapa y las sombras que ha de afrontar.

Habilidades necesarias de los entrenadores

Se trataba de definir qué habilidades, entendidas como conocimiento, necesitan los entrenadores para responder a estas necesidades de los jugadores y cuáles son las sombras en su trabajo.

Etapa Alevín

- El entrenador necesita ser capaz de **sintetizar los principios de juego** y manejar la nomenclatura, adaptándose al léxico del niño.
- **Tener claro y comprender que todo parte desde el conocimiento del juego.** La etapa de alevín de primer año está en el origen del proceso de formación y así se debe iniciar al jugador en los principios de juego.

»**La sombra del entrenador:** poner a jugadores en posiciones no pensando en la mejora del jugador. A veces, los entrenadores les cambian de posición por las necesidades del partido o del rival más que pensando en la necesidad del jugador. Instrumentalizan al jugador para su beneficio.

- El entrenador les tiene que **hablar de juego no de marcador.** El entrenador necesita comprender las implicaciones que tiene la visión de la competición como medio para aprender. Es algo que necesitamos ser conscientes.

» **Las sombras del entrenador:** aparecen cuando el entrenador siente el miedo de perder tanto en partidos de la liga como en los torneos.

- **El jugador es el valor.** ¿Dónde peligra este valor? En contextos en los que la competición te pueda hacer pararte, etapas de cadete en adelante. En categorías más altas, la cultura del cortoplacismo presiona más fuerte. Quizás influyan también los agentes externos (agentes, padres, público).

¿Dónde el entrenador lo tienen que tener claro? En los más pequeños.

» **La sombra del entrenador:** cuando pensamos en nuestros intereses o nos invaden nuestras inseguridades

- **El jugador juega en el puesto que le hace crecer.** En esta categoría es clave. En la etapa alevín se les cambia en base a que mejoren. Si el jugador es de correr, le pones a jugar por dentro; si no es agresivo en duelos, necesita vivir experiencias en defensa, aunque no vaya a ser defensa; si es mediocentro,

que jugar en el pasillo sea su posición de mejora. Tener una posición de futuro y una posición de mejora.

- El entrenador necesita **comprender por qué el entrenamiento es lo más importante** y transmitirlo así al jugador. Es necesario para que los jugadores vean cuando entran en Lezama que el entrenamiento es algo central, que sujeta todo su proceso de desarrollo como jugador. Esto es lo que les va a dar manejo de su progresión y aprendizaje.

»**Las sombras del entrenador:** cuando al entrenador le supera la competición, necesita tener todo bajo control. Entonces, el entrenamiento lo pone al servicio de la competición.

- **Iniciarse en el aprendizaje.** Parte de la necesidad de la participación activa del jugador en su aprendizaje. Para ello, es importante la interacción entrenador-jugador. La pregunta para el entrenador no es ¿qué tengo que enseñar y cómo lo voy a hacer?, sino ¿qué tiene que aprender el jugador, cómo lo va a aprender y cómo me va a mostrar que lo ha aprendido?
- **Estar disponible**, trabajar la observación y la escucha para conocer al jugador y poder llegarle.
- El entrenador debe tener claro cuáles son los detalles que no ha de pasar. **Más exigencia en los detalles.** En alevines no se pueden escapar los detalles en el juego y en los hábitos para que no suban con vicios.

Etapa Alevín - Infantil

- Transferir del fútbol 7 al fútbol 11. El entrenador necesita comprender de dónde viene el jugador.
- El entrenador tiene que entender que el resultado-marcador no es el indicador del progreso del jugador. Necesita aprender a **valorar los indicadores cualitativos del progreso del jugador** en todas sus facetas: en el juego, en su aprendizaje y en su proceso madurativo.
- Tener interiorizado **el lugar del resultado** y su gestión. No le puede afectar el resultado. Hay que gestionarlo desde el conocimiento del juego, que es desde donde somos capaces de afrontar las dificultades de la competición en cuanto a que los rivales son físicamente mayores. Entendemos que tienen que estar en todas.
- Cuidado con instrumentalizar al jugador. Ver al jugador como un objeto al servicio de los intereses de los demás.
- El entrenador necesita comprender qué implicaciones tienen sus decisiones en la preparación de entrenamientos y en la planificación. El foco está en **trabajar desde lo que necesita el jugador para progresar**. Este fundamento lo enfatizamos con fuerza en la etapa infantil A, porque tenía la competición menos retadora; y también en la etapa cadete B, porque es donde más bajas había al final del año. El jugador necesita concienciarse de su importancia.

»**Las sombras del entrenador:** cuando se toman decisiones pensando en el marcador, el rival o el equipo y no en lo que es mejor para la mejora del jugador.

• Expongo al jugador, no le protejo. El jugador juega en el puesto que le hace crecer.

»**Las sombras del entrenador:** cuando el entrenador toma decisiones en detrimento de las necesidades del jugador para fortalecer al equipo, para sentirse más seguro.

• **Más exigencia en los detalles.** Durante este año, la competición va a permitir que el entrenador se fije en los detalles de manera que el jugador no se conforme. Si el rival te supera, es más difícil centrarte en los detalles.

• El entrenador necesita ser consciente de **cómo son sus conversaciones** con los jugadores, necesita reflexionar sobre si los espacios de interacción que se dan entre jugador-entrenador en el campo, vestuario, se caracterizan por ser contextos educativos y profundizar en ello. ¿Cuánto espacio dejo para que el jugador hable o piense? ¿Cuánto espacio ocupo yo como entrenador? El entrenador debe ser consciente de su capacidad de escucha, captar lo que no se dice, lo que el jugador no cuenta, lo que está detrás. El entrenador necesita introducirse en **el uso de la pregunta cuestionadora.** Ésta es aquella que más que respuestas, me da conocimiento de mí mismo en una situación.

Etapa Infantil-Cadete

- Rigor, firmeza en la filosofía (en las decisiones sobre el jugador) y en invertir en cultura de aprendizaje con el jugador. Cuidar que no se pierda el foco de por qué y para qué estamos aquí.
- Dominar la aplicación de la filosofía a los torneos. Saber leer el rendimiento en los torneos. Son referencias del progreso del jugador.
- Saber ver los ritmos de aprendizaje del jugador. Saber manejar la disciplina desde la comprensión y la relación.
- Saber mirar más lejos de lo que estás viendo.
- El entrenador necesita tener ya interiorizado cómo llevar a la acción la filosofía por la que **a través de la mejora del jugador, mejora el equipo**. Lo ponemos en esta etapa porque es el momento del cambio de la poca exigencia de la categoría infantil a que otra vez aparezca una exigencia alta en cadete. La mejora a nivel individual es clave; por ejemplo, los duelos, no solo en lo físico sino en actitud y ejecución, ya que en infantiles lo hacen sin querer y en cadetes ya no vale.

»**La sombra del entrenador:** escudarse en el equipo (mensajes generales, abiertos, centrados en el equipo).

• **Visión a largo plazo del jugador.** Es la capacidad del entrenador de proyectar el jugador en el futuro.

»**La sombra del entrenador:** cuando los resultados presionan a uno, se cae en la inmediatez. Yo decido, hago y resuelvo; es decir, se cae en la necesidad de ganar por encima de todo, sin tener en cuenta que el que tiene que ganar es el jugador con su aprendizaje.

• **Mejora individual dentro del trabajo colectivo.** En este caso, la parte de las sombras del entrenador estarían en etapas donde el resultado esconda las dificultades de progreso del jugador.

Etapa Cadete A

• **Retar al jugador.** Insistir en que el jugador necesita superarse a sí mismo. No hay una dificultad competitiva. Todo parte de nosotros y entre nosotros. El hecho de que no haya exigencia rival puede llevar a equivocarnos.

• El entorno y los resultados empiezan a tomar fuerza e influyen. El jugador se va volviendo resultadista y egoísta: ser titular; si no juega, se queja o se enfada. Se dan comparaciones entre los jugadores, entre los padres y aparecen los representantes. El qué dirán externo va apareciendo en esta etapa y hay jugadores que se sienten muy presionados.

- **El entrenamiento es lo más importante.** El desgaste que supone transmitir que el entrenamiento es lo importante, te lleva a chocar más con el jugador.
- Es fácil caer en el autoengaño. Pensar que el marcador es indicativo de que hay dominio del juego.
- **Cuidado de los detalles.** Importancia de cuidar los detalles por parte del entrenador.

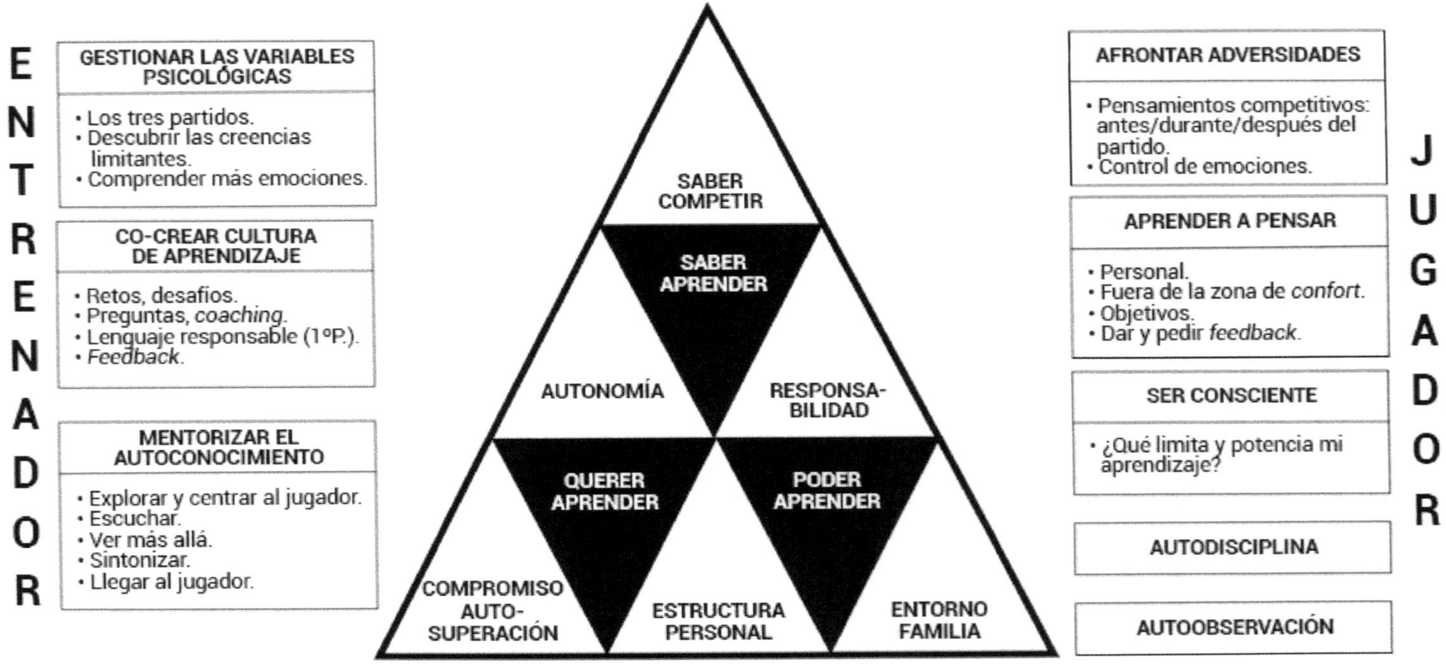

ENTRENADOR

GESTIONAR LAS VARIABLES PSICOLÓGICAS

- Los tres partidos.
- Descubrir las creencias limitantes.
- Comprender más emociones.

CO-CREAR CULTURA DE APRENDIZAJE

- Retos, desafíos.
- Preguntas, *coaching*.
- Lenguaje responsable (1ºP.).
- *Feedback*.

MENTORIZAR EL AUTOCONOCIMIENTO

- Explorar y centrar al jugador.
- Escuchar.
- Ver más allá.
- Sintonizar.
- Llegar al jugador.

SABER COMPETIR

SABER APRENDER

AUTONOMÍA

RESPONSABILIDAD

QUERER APRENDER

PODER APRENDER

COMPROMISO AUTO-SUPERACIÓN

ESTRUCTURA PERSONAL

ENTORNO FAMILIA

JUGADOR

AFRONTAR ADVERSIDADES

- Pensamientos competitivos: antes/durante/después del partido.
- Control de emociones.

APRENDER A PENSAR

- Personal.
- Fuera de la zona de *confort*.
- Objetivos.
- Dar y pedir *feedback*.

SER CONSCIENTE

- ¿Qué limita y potencia mi aprendizaje?

AUTODISCIPLINA

AUTOOBSERVACIÓN

La pirámide fue tomando más contendido y consistencia. Además, integramos paralelamente al proceso de aprendizaje del jugador aquellos elementos que se habían encontrado por el camino los entrenadores en su aprendizaje.

Estas reflexiones sobre cómo podríamos conseguir que el jugador interiorizase lo que está aprendiendo y que el aprendizaje fuese más sostenible en el tiempo, nos llevaron a revisar las necesidades de las categorías, de los grupos y los jugadores. Y lo más importante: ¿Qué nos estaba pidiendo a los entrenadores todo esto?

Entendimos que el aprendizaje sigue un movimiento retroprogresivo y que es clave saber detectar esos momentos de *impasse*, de recesión y de avance en los que está viviendo el jugador. Muchas veces sacamos conclusiones rápidas cuando un jugador parece que se para, que no da más o cuando el rendimiento no es el que esperamos.

Quedaban cuestiones que reflexionar, preguntas que se nos habían abierto y que nos llevaban a seguir cuestionando lo que hacemos y cómo lo hacemos. El aprendizaje vital del que hablamos y del que creo que se nutre Lezama no tiene fin y es ese horizonte infinito propio de la educación quien la mantiene viva.

Estos últimos años fueron de mucha rotación de entrenadores; prácticamente la mayoría de los en-

trenadores veteranos que habían formado parte de la construcción de este proceso habían dejado la academia. Sin embargo, la cultura de aprendizaje estaba ya inmersa en el día a día en Lezama, con más o menos calidad, pero se podía respirar tanto en los jóvenes entrenadores como en otros que se mostraban más reticentes con el proyecto.

CAPÍTULO 9
VOLVER A EMPEZAR

Como señalaba en las primeras páginas de este libro, es necesario entender el proceso de formación de un jugador competitivo con toda su complejidad, las cosas ya no son sota, caballo y rey; es decir, algo preestablecido que se repite en el tiempo. **Simplificar esa complejidad es reducir a la persona y por lo tanto limitarla.**

Sí tengo claro que los ejercicios, las planificaciones o las tecnologías no son las que desarrollan al ser humano por sí mismas, sino que son los espacios de interacción que se dan entre jugador y entrenador. Este es el lugar donde se sitúa y donde emerge el aprendizaje, estos espacios son el eje de esta propuesta y se caracterizan por ser contextos educativos; es decir, contextos donde se desarrolla el potencial de las personas.

Si revisamos el tipo de acciones que ponemos en juego en estas interacciones, observaremos que

muchas de ellas no solo tienen que ver con la competencia técnica sino también con la personal. Por tanto, los entrenadores necesitan desarrollar acciones y conversaciones con los jugadores que afectan tanto al ámbito deportivo como al personal.

Este espacio de interacción se construye a través de una relación de horizontalidad, de persona a persona (sujeto-sujeto). La relación entre entrenador y jugador es de aprendizaje, ambos aprenden. Y solamente cuando el entrenador se da cuenta de ese lugar, fluye el aprendizaje vital del jugador.

Pero analicemos qué ha habido en estas interacciones para que tengan un valor de aprendizaje.

- Tener y encarnar una **filosofía de trabajo** como entrenador, entendiéndola como creencias o principios que sirven al entrenador como guía de sus decisiones y acciones de modo que le ayudan a afrontar las diferentes situaciones en su día a día.
- **Estar presente, abierto y disponible** a aquello que pueda estar emergiendo en la conversación con el jugador. No juzgar.
- **Una mirada sistémica.** Es una mirada integradora, no excluyente, que pone el foco en las interacciones y que mira lo que se ve y lo que no se ve en el colectivo.
- **La escucha. Escucharse uno mismo y escuchar al otro.** Cuando escucho tengo que ser consciente de que voy a empezar un viaje con el otro y debo

dejarme llevar. El que escucha va ligero de equipaje: solo estar presente y disponible al otro. Los juicios, las hipótesis, los consejos rápidos, las argumentaciones no tienen sitio en esta mochila. La clave está en entender el mensaje a través de escuchar lo que se dice y lo que no se dice, escuchar la emoción que esconde o que se muestra y, sobre todo, desde qué lugar interior de la persona se genera para poder dar un significado y construir un espacio de expresión común. El silencio, el parafraseo, devolver las últimas palabras de la frase que el jugador me está diciendo, para hacerle ver que le escucho y reflejar lo que el otro me dice con sus palabras, ayudan en este momento de la escucha. Las interpretaciones, consejos, ánimos, acuerdos, desacuerdos, sermones o correcciones tendrán que esperar su momento de aparecer si son necesarias.

> "Es importante preguntarse cómo me impacta a mí como entrenador o psicólogo lo que el otro está diciendo", en palabras de Javier García de Andoin.

- **El aprendizaje en primera persona.** Debe ser la primera vía de aprendizaje, ya que nos referimos a todo aquello que pasa por uno mismo y responde a las preguntas ¿dónde estoy?, ¿qué me está pasando?, ¿cómo me relaciono con eso que me está pasando?

• El lugar donde se sitúa la conversación. Debe ser en el **territorio de lo desconocido** del jugador, en sus sombras o puntos ciegos, porque es esta parte la que necesita luz para crecer.

• **La pregunta**. La interacción la construimos a través de preguntas. Ahora bien, no todas las preguntas abren espacios cuestionadores en el jugador. La pregunta cuestionadora es aquella que me da conocimiento de mí mismo en una situación, no solo me da respuestas. Esta es la pregunta que genera el verdadero conocimiento. Por ello, hay que seguir una serie de pautas para preguntar en la dirección adecuada:

»Primero necesito poder cuestionarme a mí mismo.

»Una buena pregunta nace de una buena escucha.

»Tener claro el propósito de la pregunta: ¿para qué pregunto?

»Las preguntas no cuestionan a la persona, únicamente las ideas y las creencias son las que cuestionan. Debemos avanzar con preguntas agudas y precisas, a la vez que afectuosas y comprensivas.

• **El silencio** que genera una pregunta es una buena señal del valor de la pregunta. "El silencio es el que lo sostiene todo".[20]

---

20 Javier García de Andoin en uno de las talleres que realizamos con Self Institute.

• **El *feedback*.** Aprendemos con el otro, porque el otro nos hace de espejo. Sabemos que sin el otro no se puede aprender. En los grupos de trabajo con entrenadores y jugadores tenemos que ir introduciendo la necesidad de ser consciente de mis puntos ciegos, de todo aquello que no veo de mí.

• **Suelo de seguridad.** Este es el amor incondicional que un entrenador debe brindar al jugador, independientemente de su rendimiento y resultados. Es el reconocimiento del jugador como persona válida, capaz, independientemente de si consigue o no los objetivos. ¿Qué ocurre cuando el amor que recibimos está condicionado por nuestros logros?

• **El diálogo.** Entendido como un medio de autoconocimiento. El diálogo genera preguntas, interroga, nos lleva más allá de nuestra zona de seguridad. Un diálogo se puede abrir desde:

» El entrenador que hace una pequeña introducción de un tema (algo que pasó en la semana, algo del grupo, sobre aspectos del juego, emociones que han surgido).

» Desde el jugador. El entrenador pregunta ¿alguien trae algo?, ¿alguien quiere sacar algún tema? y es el jugador quien inicia el diálogo con otra pregunta al grupo o exponiendo alguna duda o inquietud.

"A menudo el diálogo ha de incorporar la sombra del propio grupo, lo que se oculta, lo que se desconoce. El diálogo pone voz a las agendas ocul-

tas del jugador, a los *insights* o a las intuiciones emergentes que se dan en el propio aprendizaje dialógico. Algo que el entrenador o psicólogo, entre otros actores, tendrá que intuir u observar y ponerlo a la vista de todos".[21]

- **Trabajar las creencias y emociones.** Con la particularidad de que muchas veces están ocultas, por lo que es importante que el entrenador aprenda a escuchar lo que el jugador dice y lo que no dice.

Desde mi experiencia, el modelo tradicional de trabajo, basado en "yo te enseño y tú aprendes", se ha caído desde cualquier disciplina como por ejemplo la psicología. Ya sabemos a qué tipo de jugadores nos lleva, pero para muchos es y ha sido el modo de trabajar. Cambiar el concepto de trabajar, de entrenar, de ver el desarrollo del jugador supone echar abajo muchas creencias y sobre todo salir de nuestro territorio de lo conocido.

No me refiero a las metodologías, perfiles de jugadores, estructuras, planificaciones y rutas preestablecidas, sino a una manera de ver la formación de la persona dentro del fútbol que le permita desarrollar todo su potencial y adquirir la madurez necesaria en términos de autonomía y responsabilidad para afrontar el devenir del juego. Finalmente, todo

21 Javier Garcia de Andoin en uno de las talleres que realizamos con Selfinstitute.

esto deriva en educar y ser educadores, además de entrenadores y psicólogos.

Esta propuesta de trabajo es humanista. El ser humano, la persona, el profesional es quien la potencia y quien la puede limitar.

Mi paso a lo largo de dos décadas por el Athletic Club me dio mucha reflexión. En estas páginas, he tratado de recoger todas estas experiencias y de ponerlas en palabras, algo que sinceramente me cuesta mucho. No puedo encasillarlo todo en modelos o métodos, porque siento que matan el dinamismo y la fluidez de los aprendizajes. Esta ha sido una manera de trabajar orgánica, viva y sé que irá evolucionando lo que tenga que evolucionar y muriendo lo que tenga que morir.

EPÍLOGO

Por José Mari Amorrotu

Voy a retroceder en el tiempo, un cuarto de siglo, para rememorar lo que en aquellos días comenzó a gestarse. Era un buen momento para lanzar una mirada hacia el futuro y verbalizar las incertidumbres, con unas preguntas clave.

- ¿Nosotros seremos capaces de seguir siendo competitivos?
- ¿Lezama será capaz de satisfacer esas necesidades?
- ¿En qué contexto nos veremos dentro de unos años?

En razón a la responsabilidad ante lo que representa el club y la misión que tenemos junto con él, debíamos proyectar para un futuro viable y ese horizonte de durabilidad nos debería guiar en nuestra forma de hacer e interactuar a todos los niveles.

Necesitábamos un nuevo paradigma. La crítica no era suficiente, había que repasar, reformular y plantar las guías de referencia que iban a generar **el desarrollo del jugador**, como valor a proyectar, de la mano de los **entrenadores y profesionales** de Lezama, en un **contexto formativo de planteamiento común**.

En la temporada 96/97 firmamos un convenio con la Universidad de Deusto, creando el Departamento de Psicología con el gran objetivo de colaborar en el desarrollo del jugador. Recuerdo momentos de las primeras conversaciones en las que se esbozaban los primeros pasos a dar y cómo intervenir, en los que acordamos que no solo necesitaban apoyo los futbolistas sino también los entrenadores.

Estábamos en un plano de generar una cultura de aprendizaje y cómo no, con esta perspectiva, dar el verdadero valor al papel del entrenador. El tiempo nos lo ha confirmado.

La formación de personas fue parte de nuestra cultura, se tornó una propiedad emergente de la vida en Lezama en la que el jugador estaba inmerso.

Una fina lluvia estaba empezando a calar en torno a los métodos de formación, dando crédito a la idea de que en la esencia del aprendizaje está la clave de la progresión de los sistemas de preparación de los jóvenes y que el éxito no era sinónimo de ganar, era aprender, generar, y conseguir conocimiento.

El gran objetivo era la evolución de los jugadores, y las decisiones debían ir en esa dirección. El desarrollo del futbolista era un fin en sí mismo y su proceso de aprendizaje, clave, le otorgaba el verdadero protagonismo en su propio camino.

Nos ayudasteis a reforzar esta idea, como nuestro gran objetivo y darle un carácter diferenciador, como si fuéramos orfebres, poniendo todo nuestro yo en beneficio del jugador, para garantizarnos la progresión de este joven hacía sus máximas posibilidades.

La idea de planteamiento común fue otra de las claves estratégicas. Era fundamental fomentar un sentimiento de pertenencia y apoyo mutuos que vaya generando una cultura, para ir modelándola con la participación de todos. Con profesionales apasionados, con inquietudes y preocupaciones, que quisieran aprender.

Tengo que confesar, recogiendo reflexiones del pensamiento de Erasmo, que esta anhelada unión de los profesionales que trabajan en el desarrollo de jugadores, bajo el signo de una cultura, lenguaje y principios comunes, sigue siendo una utopía no ejecutada y acaso nunca ejecutable dentro de nuestra realidad.

No por ello deja de ser ilusionante y motivadora como impulso vital y, aunque difícilmente conseguible, se presenta como una máxima y referencia que nos ayuda a no desviarnos por deseos de nuestros

egos y el cortoplacismo. También colabora en que fluyan los procesos basados en una filosofía de formación, integradora y participativa.

Un proyecto de este calado necesita apoyarse en personas valientes, con capacidad de asumir responsabilidades y entregadas al servicio de un ideal, basado en un compromiso integrador y liderazgo contaminante, transmitiendo y creando valor.

Recuerdo con nostalgia los primeros años, como nos acompañasteis, fuisteis parte del proyecto, como aprendices, como enseñantes, con un entusiasmo que nos dio mucha fuerza.

En este tránsito la gran evolución se ha conseguido a través de la formación de los profesionales de Lezama, dando valor y competencia a muchos educadores vocacionales, estudiosos e ilusionados en esta función tan maravillosa que se ha tornado como uno de tus lemas y principios.

María, en la profundidad de tu mirada hay una reflexión que destaco, la distinción entre el **objetivo y el propósito**, esa idea troncal que nos ha guiado en este recorrido y que sintetiza la gran dirección que defiendo. Hay que saber conducirse en este complejo mundo del desarrollo de las personas en un contexto futbolístico.

Educar y formar es lo mismo que poner motor a una barca. Son palabras de Gabriel Celaya, extraídas de uno de sus poemas, que bien pueden ilustrarnos y darnos luz para mejorar y proyectar hacia los demás éstas y otras ideas.

Hemos compartido mucho camino juntos, nos apuntas que en estos años has cambiado tu forma de mirar, no solo la tuya sino la de muchos que hemos compartido contigo experiencias y que han contribuido a tener una visión más amplia y profunda. Además de una voluntad de cambio permanente y, sobre todo, una voluntad de cambio en uno mismo: eso es un verdadero aprendizaje.

Formamos parte de una entidad que ocupa un papel importante en nuestra sociedad, por lo que tenemos la responsabilidad de estar comprometidos en la formación de personas cada vez mejor preparadas, que sirvan de modelo a otras personas. Es esencial poner la atención en un modelo formativo-educativo que impregne, que sirva de vehículo para que tanto los jóvenes como los profesionales estén bien integrados y capacitados ante retos de esta naturaleza, de gran amplitud de miras y máxima exigencia.

De ahí que los proyectos formativos, que se puedan desarrollar en el Athletic y estar centralizados en sus instalaciones de Lezama, tengan una especial importancia, como respuesta a una necesidad del club a través de su historia. En esta parte de ella, mi reconocimiento por tu contribución.

José Mari Amorrortu
Ha sido futbolista, entrenador,
Director Deportivo y Director de
Fútbol Base del Athletic Club de Bilbao

REFERENCIAS BIBLIOGRÁFICAS

- Mezirow, Jack. *Learning as a transformation critical perspectives on a theory in progress* (2000).
- Juan Domingo Farnós. *Innovación y Conocimiento.* Edu-Tech Wiki (2007).
- Juan Domingo Farnós. *Learning theories.* Retrieved February 7, 2009 https://juandomingofarnos.wordpress.com
- Giovani Reale y Dario Antiseri. *Historia del pensamiento filosófico y científico* (1988).
- Otto Scharmer. *Theory U: Leading from the Future as It Emerges* (2009).
- Paolo Freire. *Pedagogía de la autonomía* (1970).
- *Ensayo sobre "Pedagogía de la autonomía" de Paolo Freire.* Capítulo I: *"No hay docencia sin discencia"* (2004).
- Andrea Ruffinelli. *Formación de docentes reflexivos: un enfoque en construcción y disputa* (2017).
- David Bohm. *Sobre el diálogo* (1997).
- Maite Dárceles. *Guía para la transformación.* Diputación foral de Bizkaia (2009).
- Guillermo Echegaray. *Constelaciones Organizacionales* (2013).

SOBRE LA AUTORA MARÍA RUIZ DE OÑA

Es la presidenta de la Asociación Internacional de Psicología aplicada al Fútbol. Se licenció en Psicología e hizo dos másters: uno en Psicología del Deporte y otro en Terapia de Análisis Transaccional. También se encuentra certificada en Coaching Executive y en Constelaciones Organizacionales y Coaching de Equipos.

Cuenta con más de 30 años de experiencia en Psicología del Deporte, de los cuales hay 21 que los ha dedicado a trabajar en el Athletic Club de Bilbao. Allí se desempeñó como responsable del área de Desarrollo Personal y Profesional del club.

Es profesora del máster “Desarrollo de talento”, organizado por la Universidad Europea de Madrid y el Real Madrid. Al mismo tiempo enseña en el curso de Coaching Deportivo y de Coaching de Equipos de la Universidad de Florida.

Dicta conferencias y cursos de formación sobre la importancia del desarrollo de la persona en el éxito de las organizaciones, el aprendizaje permanente, la innovación, el liderazgo compartido y la profundización de talentos.

Desde 2017 que trabaja en Aspire Academy, la prestigiosa academia de fútbol que prepara a los jugadores cataríes para competir en todas las selecciones de Qatar, desde menores de 16 años hasta la absoluta.

www.ingramcontent.com/pod-product-compliance
Ingram Content Group UK Ltd.
Pitfield, Milton Keynes, MK11 3LW, UK
UKHW021908190726
13853UKWH00002B/572